海绵城市规划的武汉探索与实践

武洁 成钢 姜勇 游志康 | 著

中国建筑工业出版社

图书在版编目（CIP）数据

海绵城市规划的武汉探索与实践/武洁等著. -- 北京：中国建筑工业出版社，2021.12
ISBN 978-7-112-26852-8

Ⅰ. ①海… Ⅱ. ①武… Ⅲ. ①城市建设—研究—武汉 Ⅳ. ①F299.276.31

中国版本图书馆CIP数据核字（2021）第250014号

责任编辑：刘 丹
责任校对：赵听雨

海绵城市规划的武汉探索与实践
武洁 成钢 姜勇 游志康 著

*

中国建筑工业出版社出版、发行（北京海淀三里河路9号）
各地新华书店、建筑书店经销
北京锋尚制版有限公司制版
北京富诚彩色印刷有限公司印刷

*

开本：787毫米×1092毫米 1/16 印张：15½ 字数：272千字
2021年12月第一版 2021年12月第一次印刷
定价：178.00元
ISBN 978-7-112-26852-8
（38679）

版权所有 翻印必究
如有印装质量问题，可寄本社图书出版中心退换
（邮政编码100037）

序

中国城镇化发展越来越快，城市已成为人们生产生活的主要载体。与此同时，城市也面临资源约束趋紧、环境污染加重、生态系统退化等一系列问题，其中以城市水问题表现最为突出，甚至已经成为影响城市可持续发展的障碍。为统筹解决城市发展中的水问题，自2015年起，中国启动了海绵城市建设工程。武汉是我国首批海绵城市建设试点城市之一。

作为湖北省省会城市，武汉同时是国家中心城市，是国家"中三角"的总部经济区，是"全国重要的科技教育中心、交通通信枢纽和区域性经济中心"。武汉市一直把城市可持续发展作为首要任务，把城市规划、基础设施建设、生态环境保护等工作作为当前工作的重中之重。

武汉市水资源十分丰富，多年平均降雨量1257毫米，年均水资源量超7000亿立方米，水域面积约占国土面积的25%，居全国大城市之首。长江、汉江穿城而过，境内河流纵横交错，长度超过5公里的河流165条，是名副其实的"江城"；湖泊星罗棋布，拥有166个，面积达779平方公里，被誉为"百湖之市"，为海绵城市建设提供了天然的调蓄空间和良好骨架。

武汉市"优于水也忧于水"，面临着水环境污染严重、内涝灾害突出、供排水矛盾交织、水源地保护形势严峻等一系列问题，一度"到武汉看海"、湖泊污染侵占等成为社会关注焦点。改善水环境、确保水安全，不仅成为全社会共识，更是各级政府部门必须优先解决的问题。

习近平总书记关于"节水优先、空间均衡、系统整治、两手发力"的治水思路以及住房和城乡建设部相关文件的出台，使武汉市对新型城镇化建设又有了更加深刻的认识。"海绵城市"建设作为城市建设的新理念，改变单一"就水治水"的传统模式，统筹城市建设各方面，统筹自然生态各要素，构建"山水园林湖草"生命共同体，协调解决水资源、水环境、水生态、水安全问题。武汉市作为南方丰水城市、冲积平原地区城市，在城市防洪、排涝、水环境治理方面具有代表性、典型性和示范性。通过试点建设，武汉在海绵城市领域积累了经验，可作为其他城市开展海绵城市建设的借鉴。

目录

序

第1章 海绵城市发展历程

1.1 中国古代理水营城思想 // 2
    1.1.1 水与中华文明 // 2
    1.1.2 营城中的理水智慧与经验 // 4

1.2 现代海绵城市理念演变 // 5
    1.2.1 现代城水关系面临的问题 // 5
    1.2.2 国外海绵城市理念的发展 // 8
    1.2.3 国内海绵城市的相关要求 // 14

1.3 海绵城市的内涵 // 17
    1.3.1 海绵城市的核心思想 // 17
    1.3.2 海绵城市的技术手段 // 19

第2章 武汉的试点探索之路

2.1 武汉治水历程 // 29
    2.1.1 "以让为本"阶段 // 29
    2.1.2 "外挡内蓄"阶段 // 32
    2.1.3 "蓄排结合"阶段 // 34

2.2 试点区的选择 // 38

2.3 试点之初的困惑 // 41

        2.3.1 如何控制试点风险 // 41
        2.3.2 如何体现试点价值 // 43
　　2.4　试点推进历程 // 45
　　2.5　试点区规划编制体系 // 47
        2.5.1 试点区总体建设思路 // 48
        2.5.2 试点区系统方案 // 49
        2.5.3 试点期间的技术体系 // 54

第3章
海绵城市规划基础技术方法

3.1　下垫面的解析方法 // 59
3.2　年径流总量控制率统计方法 // 69
3.3　年径流总量控制率分解方法 // 71
3.4　年降雨雨型的选取方法 // 80
3.5　内涝风险评估方法 // 84
3.6　海绵城市建设分区方法 // 87
3.7　模型应用方法 // 92

第4章
海绵城市规划编制体系

4.1　海绵城市规划编制方法 // 109
        4.1.1 海绵城市规划编制体系 // 109
        4.1.2 城市总体规划 // 109
        4.1.3 海绵城市专项规划 // 110
        4.1.4 海绵城市分区建设规划 // 112
        4.1.5 建设项目海绵设计方案 // 114

4.2 海绵城市规划编制案例 // 125

    4.2.1 海绵城市专项规划——以武汉市为例 // 125

    4.2.2 分区建设规划编制案例——以武汉市青山示范区为例 // 150

    4.2.3 市政专项规划中海绵城市的编制案例——以武汉市金口新城为例 // 163

    4.2.4 海绵化改造方案编制案例——以青山区钢花新村118社区为例 // 172

第5章
海绵城市规划管理体系

5.1 海绵城市管理的顶层设计 // 183

    5.1.1 管理架构 // 183

    5.1.2 工作机制 // 185

    5.1.3 海绵城市专职管理机构 // 186

5.2 海绵城市管理体系 // 187

    5.2.1 管理办法 // 187

    5.2.2 建设项目管理流程及职责分工 // 190

5.3 建设项目的规划管理 // 192

    5.3.1 海绵城市规划管控流程构建 // 192

    5.3.2 海绵城市规划方案指标体系及规范性要求 // 193

    5.3.3 海绵城市规划方案编制 // 196

    5.3.4 海绵城市规划方案审查 // 203

    5.3.5 海绵城市规划条件核实 // 207

5.4 海绵城市规划管控案例分析 // 215

    5.4.1 新建项目总体指标 // 215

    5.4.2 海绵城市建设效果 // 216

    5.4.3 海绵城市设计师的设计倾向 // 218

第6章
后试点时代的思考

- 6.1 理念的回归 // 220
  - 6.1.1 海绵城市建设初心 // 220
  - 6.1.2 海绵城市的生命力所在 // 221
- 6.2 责任体系的建立 // 223
  - 6.2.1 国外雨水排放管理激励方法 // 224
  - 6.2.2 国内雨水排放管理激励方法 // 225
  - 6.2.3 激励机制建议 // 227
- 6.3 海绵城市建设的公众参与 // 230
  - 6.3.1 公众参与的意义 // 230
  - 6.3.2 公众参与的实践 // 231
  - 6.3.3 公众参与的改进建议 // 234
- 6.4 需要关注的问题 // 235
  - 6.4.1 加强基础数据收集与研究 // 235
  - 6.4.2 完善规划编制体系 // 236
  - 6.4.3 完善技术标准体系 // 236

参考文献 // 237

后记 // 239

第1章

海绵城市发展历程

1.1
中国古代理水营城思想

1.1.1 水与中华文明

世界上早期的文明发源与兴起基本上都是呈现一种"滨水而生"的状态，其中既有"江河文明"，又有"海洋文明"。人类的四大文明无一例外，都是滨水文明。古巴比伦文明兴起于两河流域——幼发拉底河和底格里斯河，古埃及诞生在尼罗河流域，印度文明发源于印度河流域，中国文明起源于大河流域——长江、黄河、淮河。

自古以来，任何一个城市的诞生和发展都离不开水的支撑和保障。在中国古代"天人合一"的哲学思想的影响之下，古人将"水"视为"师法自然"的一种重要元素，并由此而生出大量的理水智慧，以实现人水和谐共生状态。"得水而兴，废水而衰"，在古代城市中表现得尤为明显，古今中外的城市多呈现城水相依的格局，《商君书·徕民篇》云"山水大聚会之所必结为都会，山水中聚会之所必结为市镇，山水小聚会之所必结为村落"，《管子·仲马》一书曾提到"凡立国都，非于大山之下，必于广川之上。高毋近旱而水用足，下毋近水而沟防省，因天材，就地利，故城郭不必中规矩，道路不必中准绳"。这些注重因地制宜的实用主义城市规划思想完美诠释了城市与水的辩证关系，临水建城也成为古代城市选址的重要原则之一，既考虑城市用水和排水便利性，又要选在地势较高的区域以避水患，这一基本原则对几千年来中国古代和现代城市选址、建设和发展都有着深远影响。

不管人类定居在何处，营城的过程中总离不开理水的需要。居于高山之上，首先要考虑防范山洪与生活取水需要；居于丘陵平坝之上，则要重点考虑农业灌溉；居于低洼之处，需要考虑防洪防涝；居于干旱之地，则需逐水草而居。不同的区域位置、自然条件决定了城水之间的不同关系。

水在城市发展中的作用，不仅体现在农业灌溉、日常生活、交通运输等生产生活方面，也作为自然天堑、护城河给城市以安全防御，在中华文明发展过程中，通过天子祭天下名山大川、风水堪舆的行为参与礼制宗教活动。另外，正如中国俗语"仁山智水"所言，硬质的城市空间和自然水体对比起来，水也能更好陶冶性情，从而参与审美创造。正如道家所言，水是"大美而不言"，能激发人们热爱自然进而热爱生活的壮志豪情，参与美与哲学思想的发展。

经过不断探索，中国长期以来形成了一套完整的理水技术，以六大古都兴建的大量引水、蓄水工程为代表的引水蓄水技术；以"防、导、蓄、高、坚、迁"为核心思想的古代城市防洪治河技术；以物资运输、文化交流融合为目的的运河开凿技术；以积蓄雨水为目的的干旱地区的雨水利用技术；以水渠、水道、水圳、水平梯田等为代表的水利灌溉技术；以及广泛应用于中国山水园林的园林理水技术等等。

正是长期以来的伴水而居、逐水而生的营城模式，催生了中华文明中的水文化体系，特别是形成了以华夏大地上大河大川为轴线的不同水系流域文化体系，诸如黄河文化、荆楚文化、吴越文化、漓江文化、珠江文化等；而在理水营城的过程中，也在局部范围内逐渐形成了以水为典型特点的农耕文明，诸如京杭大运河、都江堰及成都平原、钱塘江海塘及沿海围垦区等等。

在长期的用水、治水过程中，中国先人也陆续制定了一系列与水相关的法规，儒家在政治上崇尚"天下为公"的理想，在对待水资源上则提倡"往来井井"与"涣其群吉"。"往来井井"是说，在儒家看来井是公用设施，来来往往的人都可以使用它，不能为一人一己所独霸。因此，汲上水后，"井收勿幕，有孚无吉"，不能把井封得过死，好让他人随意取水，只有这样，大家才能和睦相处，共同发展，有诚心才能事事顺利。"涣其群吉"是说，水资源是自然界原本就存在的，并非专属一家一姓，应该为大家所共享，这样才能使人与人、人与水融为一体，遇事才可大吉大利。此外，中国古代制定的《唐六典》《唐律疏义》《水部式》等，都是著名的水法[①]（图1-1）。

---

① 李嘉玲. 襄阳"山-水-城"空间历史文化脉络研究[D]. 西安：西安建筑科技大学，2016：19.

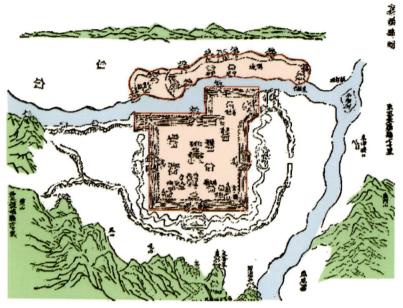

图1-1 古襄阳城山水形势图
资料来源：李嘉玲. 襄阳"山-水-城"空间历史文化脉络研究[D]. 西安：西安建筑科技大学，2016.

1.1.2 营城中的理水智慧与经验

中国古代营城中的理水智慧与经验主要体现在四个方面："辨方正位，综合统筹；因势利导，防治结合；天工开物，城富民安；东方智慧，诗情画意。"

"辨方正位、综合统筹"是指，其一辨方正位，运用风水理论，选择适宜人居的自然环境；其二因形就势，构建安全防御体系；其三逐水建城，考虑水运，通江达海，坐享水运之便。

"因势利导、防治结合"是指，其一因天材就地利，构建"防、导、蓄、管"一体的防洪排涝体系；其二巧妙改造水系，提升人居环境品质；其三巧筑水工，趋利避害，堪用千年。

"天工开物、城富民安"是指，其一多方蓄水、合理利用、生态循环；其二因水之便，宜产宜居；其三衔接漕运，便于物资流通，推动商贸繁荣和经济发展。

"东方智慧、诗情画意"是指，其一师法自然，理水造景，诗意栖居；其二城水相依相融，构筑多姿多彩的生活图景；其三以水为魂，营造人文底蕴厚重的传统景观典范。

1.2 现代海绵城市理念演变

1.2.1 现代城水关系面临的问题

随着城市人口的增长，城市空间不断拓展，城水关系矛盾越来越突出，其中主要是由于河湖水系被城市建设用地侵占带来的人水争地问题，由于水资源过度开发带来的跨流域调水问题，由于城市开发建设和理水不同步带来的内涝和水环境问题，由于城市河道过度硬化带来的生态功能丧失问题[①]，由于城市内河内湖污染严重带来的城市宜居问题等。而在城市内部，由于理水措施不当，也产生了许多城市水问题，表现出来就是"逢雨必涝、雨后即旱"。

（1）水资源问题

目前我国因快速城镇化发展导致的资源短缺问题日益严重，严重影响经济社会的发展，其中水资源的保护利用问题尤为突出。城市化与水资源供需矛盾是双向联系的，城市用水量占水资源开发总量的比例越来越大。一方面城镇化导致城镇人口急剧增加，农村人口向城市人口转化后，水资源刚性需求增强；同时随着经济快速发展，工业生产需水量剧增。另一方面随着气候条件的变化，我国北方大部分地区持续干旱少雨，导致水资源更加匮乏，缺水城市不断增加，年缺水量近百亿立方米。并且由于部分城市周围水

---
① 韩煦，赵亚乾. 海绵城市建设中"海绵体"的开发[J]. 地球科学与环境学报，2016，38（5）：708-714.

资源开发殆尽，资金问题难以建设供水设施，为了缓解当前的用水压力，过度开发利用地下水资源，导致地下水资源枯竭的问题。同时由于城市发展建设过程中地表硬化面积增大，基于传统快排的雨水系统，导致降雨无法下渗补给地下水资源，加剧了城市水资源的短缺。在有限的水资源条件下，不能高效率利用水资源导致目前城市用水供需问题更加严重。

（2）水生态问题

由于我国城市建设重视城市空间的拓展，导致工业用地和城镇用地面积急剧扩张，城市河流、湖泊等水系被大量填满开发。建设用地占据了河湖水系空间，导致降雨径流量增加，城市水面率大幅减少，城市适应极端天气的能力降低，原有的自然生态格局被破坏，城市生态功能减弱；过去过于注重河道的防洪排涝作用，为加快河道对雨水的排放下泄，对河道实施削坡、岸面硬化、裁弯取直、港渠改暗，改变原有的城市水域生态循环系统，水体与绿化之间的联系被切断，城市水体自我净化能力减弱，并且河道容易淤积，底部的有机物质在分级过程消耗水体的溶解氧，导致水生动植物及好氧微生物逐渐消亡，生物多样性减少，城市水生态系统更加脆弱。

（3）水环境问题

由于城镇化进程中，自然河道的特征逐渐消失，人口密度和工业企业的剧增，导致城市污染物种类和总量增加，水环境逐渐恶化。根据2018年5月22日发布的2017年《中国生态环境状况公报》，2017年全国地表水1940个水质断面（点位）中，Ⅰ～Ⅲ类水质断面（点位）1317个，占67.9%；Ⅳ、Ⅴ类462个，占23.8%；劣Ⅴ类161个，占8.3%。与2016年相比，Ⅰ～Ⅲ类水质断面比例上升0.1个百分点，劣Ⅴ类水质下降0.3个百分点。虽然水环境总体状况逐渐改善，但形势依然严峻。

目前城市水环境普遍存在的问题是水体黑臭。主要是因为：首先，早期城市规划对于雨污水排放系统的考虑不够周全，城市建设发展过快，对雨污水收集系统不够重视。城市发展中许多地区已经被建设，但雨污水管网未能构建，管网覆盖率较低。雨污混接现象严重，未能实现雨污水的有效分离，同时截污管道设计标准偏低，无法满足现状的污水排放标准，导致管道溢流。其次，城市河道和湖泊为保证防洪和排涝的需求，被人为改变其自然生态特征，形成多个圩区，导致水体各部分水动力分布不均衡。部分水体由于水动力较差而无法进行水体交换。同时水体中的垃圾、树叶等污染物无法冲走，沉积在河道底部，时间过长会腐烂产生内源污染导致水质恶化。再次，水体受纳污染物总量过大，超过自身的自净能力，雨水管网中存在大量污染物直排入河，部分河道和湖泊周边存在大量固体生活垃圾，直接污染水体；同时工业污水的排放标准较低，存在部分工业企业违规偷排现象，加重了河道金属元素的污染，致使河道水体呈现黑臭的现象。最后，地表径流冲刷地面排入水体的面源污染。初期雨水形成地表径流将道路表面的污染物、垃圾以及淤积在管道内的污染物直接排入水体，随着城区的扩张，面源污染范围同步扩大。

（4）水安全问题

2000年以来，我国平均每年发生200多起不同程度的城市内涝灾害，包括诸多大中城市（包括北京、天津、武汉、上海等）也是频繁发生，不仅对城市社会财产安全产生影响，而且降低城市人居环境质量。例如北京的"7.21特大暴雨"事件，2012年7月21日，北京遭遇61年来最强暴雨及洪涝灾害，多处基础设施和交通受到破坏。根据公开数据，共有79人因此次灾害死亡，此次暴雨造成房屋倒塌10660间，160.2万人受灾，经济损失116.4亿元。同时内涝地区容易出现严重水土流失现象，城市内涝也会带来许多污染物的蔓延以及一些传染性疾病。

城市内涝灾害频发主要表现为极端降雨的发生以及城市自身排水系统问题。关于极端降雨天气，主要归结于人口扩张，人类活动频繁导致空气中二氧化碳不断增多，形成温室效应。同时城镇化导致的热岛效应和雨岛效应改变了城市降雨中心的分布和强度，暴雨中心往往集结于城市中心；同时大气中含水量增加，空气对流增强，发生大雨和暴雨的概率也随之增大。

关于城市排水系统的问题，一方面因为我国曾经过于重视地上基础的建设，城市无序扩张，减少城市的水面率，侵占城市内含有调蓄抗洪的水体，水体调蓄功能难以有效发挥，降低了城市应对洪涝灾害的能力；同时在城镇化的过程中城市绿化面积减少，土地的硬化率提升，下垫面的不透水率也逐渐增加，城市不透水面积增大。这些导致的直接结果就是地表径流系数增大，降雨形成的地表径流洪峰出现时间提前。由于过去城市管道设计标准是根据径流系数以及汇流时间计算而来，当净流系数增大、汇流时间减少时，原排水系统无法及时排出过多的地表径流量，从而造成内涝灾害。另一方面原因是城市发展过程中忽视了城市地下排水管网的重要性，关注投入力度不够，排水骨干系统设计标准过低，无法在强降雨发生的时候满足现状及未来的排水需求。

海绵城市通过遵循水的自然循环过程，从雨水的下渗、收集、净化和排水等多个方面进行全面控制，维持原有的水文特征。它使城市能够在建设发展过程中，恢复受损的生态环境系统，增强城市对自然灾害的抵抗能力，解决由于快速城镇化带来的一系列城市水问题[①]。

我国在过去的三十年间经历了快速城镇化过程，在城市发展和基础设施建设方面取得了巨大成就，但同时由于快速城镇化导致城市硬化率增大，原有的自然水循环规律被破坏，引发一系列城市水问题。因此，探索一条解决城市源短缺、保护生态环境、保障人民生命财产安全的城市可持续性生态发展模式成为必然。

1.2.2 国外海绵城市理念的发展

在20世纪80年代前后许多发达国家灰色基础设施已基本完善，城市化进程也已基本完成，但随着全球气候急剧变化以及城镇工业化对环境生态的逐步破坏，单纯的灰色基础设施工程做法的缺点逐渐暴露，环境生态问题日渐严重，同时过度的工程设施对政府的财政压力也逐渐加大。

以城市水生态环境面临的问题和目标为导向，发达国家不断调整和完善城市规划、建设和管理的理念，在不断总结和实践的基础上，提出了相应的建设管理理念。

（1）美国（低影响开发，LID）

美国在发展过程中发现强降雨条件下的雨水径流难以控制，代价比较大，于是在1990年提出了低影响开发（Low Impact Development，LID）。低影响开发理念强调保证自然降雨的水文过程，通过微观尺度的景观控制来解决场地尺度的暴雨管理问题，侧重规划的

---

① 刘昌明、张永勇，王中根等．维护良性水循环的城镇化LID模式：海绵城市规划方法与技术初步探讨［J］．自然资源学报，2016，31（5）：719-731．

合理性和自然水文条件模拟的重要性，建立雨水管理设施与景观设计理念之间的联系，从源头减少雨水径流对区域外的自然水文特性的影响，是一种可持续的景观设计理念。

低影响开发技术重点是从源头对雨水进行控制管理达到控制地表径流的目的，其综合框架将现有的自然生态系统也融入土地开发规划中，在创造多功能景观的同时也在一定程度上起到教育与维护的作用。

低影响开发与前期单纯利用灰色雨水排放设施相比，优点是更具有经济性和生态功能性，对城市居民的社会影响也较小。通过布置多个大型且低成本的绿色处理设施（屋面雨水系统、雨水调蓄系统、植草沟、雨水花园、下凹式绿地、透水路面、低影响街道等）来实现对雨水径流的控制，同时初期雨水在多个绿色设施的自然过滤处理下，大大减少城市的面源污染。每种处理设施的规模和布局均需要通过数学模型中的不同降雨条件和设定的标准来确定。

美国低影响开发理念首先是应用于马里兰州、华盛顿州等一些城市的雨水工程。20世纪90年代，美国马里兰州乔治王子郡（Prince George's County）一名地产开发商建住宅区的时候，为每栋住宅都配建了30～40m^2的雨水花园。项目完成后对该小区雨水径流量进行数年追踪监测，结果显示雨水花园平均减少了约80%的地面雨水径流量，此后雨水花园在世界各地逐渐以各种形式流行。

华盛顿州首府西雅图市的绿色雨水街道"海街"（Sea Street）工程在有效管理雨水径流的同时，增加了街道的景观美化效果。这条绿色街道的改造有6个层次（自然排水系统—生态净水—景观设计—系统打造—社区进步—教育营造）层层递进，建造出可持续性的绿色街道。该工程通过种植常绿树木，增添雨水花园和湿地来控制雨水径流。根据西雅图城市环保局公布的对该工程连续3年的监测数据显示，该街道相比过去减少了99%的雨水径流体积，街道可下渗面积也比其他未改造的街道多11%。该雨水工程从源头减少雨水径流，保证周边受纳水体的水生态文明，同时附近的居民明显感觉到周边的气候产生了局部变化，街道上的绿色植物既可降低高温，同时也能净化周边的空气。

目前美国在城市建设过程中全面贯彻低影响开发理念的同时，也制定了LID实施技术评估机制。由独立第三方的评估机构于每个雨水项目工程结束后，根据评估要求对项目进行评估，没有达到要求的立即进行返工。2008年美国国家环境保护局（EPA）在绿色基础设施框架下编制了一系列LID指导文件。

（2）澳大利亚（水敏性城市设计，WSUD）

20世纪60~90年代，澳大利亚的城市水管理侧重于水的开发利用以及污水问题的处理。20世纪90年代末，WSUD理念被首次提出，该理念主要以城市水循环为主，统筹考虑雨水、污水和供水，构建包含景观和生态环境的综合性框架，确保城市水循环系统遵循自然水文特性，尽量避免城市化对自然水体的以及生态环境的不利影响，同时提高城市居民在生活中对水的利用效率。

澳大利亚WSUD将绿色可持续水管理理念贯彻于公共开放空间、道路、街区节点等宏观、中观、微观多个尺度的城市设计中，针对不同场景，采用多样化的绿色基础设施和技术手段实施雨水的收集、处理与再利用。主要目标为：① 加强水管理，减少居民对饮用水的需求；② 提高雨水利用率，减少废水的排放；③ 恢复或保持自然水体的水文特性；④ 建立人与水之间的联系，增强景观效应。

公共开发空间：该尺度场景主要着重于场地的生态优化，例如澳大利亚的爱丁堡公园。通过在公园内部设置沉降池和排水渠道，收集并处理公园里初期雨水带来的城市面源污染，经过初步过滤的雨水进入多阶梯雨水花园，利用重力达到雨水自然净化的效果，同时花园中的植被对水中污染物进行二次处理。最后雨水被收集于集水池，用于周边绿色植物的灌溉。爱丁堡公园采用了灰绿结合的措施，提高雨水的利用率，同时雨水在流动过程中增强了整体的美学观赏性。

道路：澳大利亚WSUD技术利用道路的高程差，在较低处设置雨水花园，最大限度收集路面雨水，或者打开城市道路路缘石局部位置，使道路雨水暂时存储于绿化带内。同时在人行道上铺设透水铺砖或植草砖代替硬化路面，减少路面积水。该种处理模式有效解决了道路上的雨水因为汽车尾气或其他污染带来的大面积面源污染，路面积水造成居民生活不便的问题，同时增加街道景观效果。

街区节点：例如在建筑立面安装落水管，可将屋面的雨水收集通过落水管用于道路或人行道上植物的灌溉，减少植物灌溉对饮用水的需求，并且提高土壤湿度。或者在墙体周围设置绿色洼地，将不透水区的水有效引导至集水区，弱化建筑硬边界，提高绿化率，增加社区适宜空间。

澳大利亚水敏性城市设计（WSUD）通过融合城市设计理念和雨洪管理技术营造出

了人与自然和谐共生的新环境，创造出了更适宜的城市景观和城市水环境系统。

（3）英国（可持续排水系统，SUDS）

在20世纪90年代末，英国随着城市化的逐渐发展，意识到传统的城市排水体制无法控制雨水污染，洪涝灾害无法避免等问题，随即提出了可持续排水系统（SUDS），其理念主要侧重于生态环境的保护及社会的健康发展，同时在源头减少城市洪涝灾害的发生以及水环境污染等问题。

据报道，2007年由于极端天气的影响，降雨产生过大的径流量导致英国各地约有7300家公司及4.8万住宅受灾，经济损失惨重，造成社会影响极大。因此英国政府大力推广可持续排水系统，于2010年4月通过《洪水与水管理法案》，法案规定所有新建项目必须使用"可持续排水系统"。

各个国家对可持续排水系统有着不同的定义，美国建筑工业研究和情报协会于2000年提出可持续排水系统（SUDS）是"一系列管理实践和控制系统"，相对于传统排水体制，能够更持续地对地表水进行排放。而英国环保局将可持续排水系统（SUDS）定义为包括对地表水和地下水进行可持续式管理的一系列技术。联合国教科文组织则定义：可持续城市排水系统不仅满足城市安全排水的功能，而且具有环境友好、生态完整、可持续的特点，能够满足城市现状和规划的发展需求。

因此可持续排水系统可理解为，它是统筹考虑城市需水、排水以及水环境影响等多方面的因素，为满足城市当前和未来的发展需要而构建形成的对地表水和地下水进行可持续管理的系统。

由于传统的排水系统并没有考虑排水管道单一造成的内涝、初期雨水的污染和雨水形成的地表水资源利用等问题，可持续排水系统通过效仿自然的雨水控制措施，设置多样化的排水渠道，并且经过一系列过滤、存储等设施，可以在源头控制地表径流，减少雨水排入水体的污染量，重复利用地表水资源，提高雨水的社会效益。可持续排水系统主要采用3种效仿自然的雨水开发模式来减少城市洪涝灾害以及初期雨水污染问题：① 通过设置集水装置技术手段，将屋顶或地面积水的雨水通过人工导流方式引入蓄水池，从而缓解城市排涝压力，有效减少内涝的形成；② 采用可渗透的材料铺设地面，雨水通过自然下渗、过滤等处理，一部分可有效存储利用，另一部分可通过渗入地下补充地下水；③ 有效利用湿地、湖泊等天然水体的吸纳作用，收集整个片区的雨水资源。

英国的可持续排水系统经过多年工程的实践和总结，已经在城市降雨计算、水量平衡、水质控制等方面逐步形成成熟的模拟计算理论，在应对城市雨洪灾害和水环境污染等方面取得了显著成效。

（4）新加坡（活跃、美丽、洁净水源计划，"ABC水计划"）

新加坡的人口密度位居世界第三，由于快速的城市化以及国内缺乏大型纵深的河流和湖泊蓄积降水，一直是全世界最缺水的国家之一。目前新加坡已经建立了包括17个蓄水池、32条人工河流、8000m长的水道与排水管，形成了通达的水系网络，全岛2/3的国土被利用成为城市集水区。为了合理有效利用水系基础设施，缓解城市排水防涝问题，高效收集利用高质量的洁净雨水，新加坡公共事业局于2006年启动了"活跃、美丽、洁净水源计划"（简称"ABC水计划"）。

"ABC水计划"（活力—Active、美观—Beautiful、洁净—Clean Water）实质是运用合理的雨水管理模式来缩短人与水之间的关系：最大程度将下水道、沟渠、水库改造成为富有活力的、美丽的、清洁的小溪河流与湖泊，与周边土地融为一体，共同创造人水自然的社区公共空间。

作为新加坡"ABC水计划"的标杆项目——碧山红茂桥公园统筹考虑水资源需求、防洪安全以及居民休闲娱乐的优美自然空间。20世纪70年代的新加坡加冷河，为了考虑防洪安全以及排水效率，修建混凝土排水槽排水沟。现在的加冷河经过改造后，运用生物土壤工程技术形成动植物群落栖息场所（图1-2）。

"ABC水计划"不仅使城市恢复了生态多样的天然水系统，同时也给城市社区创造了宜人的滨水空间。

在实行"ABC水计划"之前，初期雨水未能净化，通过地表径流直接排入沟渠和河流，存在水环境污染、洪水隐患以及水资源浪费问题；改造后，初期雨水通过利用植物与天然材料形成的土壤生物工程技术，既减少地表径流污染，减缓流速，一定程度抑制了河流水位上涨的速度，同时可以发挥土壤生物的重要结构作用，利用植物根系加固河岸控制土壤流失（图1-3）。

土壤生物工程体系具有自我发展和适应环境的能力，不断地自我修复和成长。因

图1-2 新加坡碧山红茂桥公园改造后实景图(一)

图1-3 新加坡碧山红茂桥公园改造后实景图(二)

此,与混凝土河道相比,土壤生物工程体系更能减少暴雨时期的排水压力,在水道的汇水面积内实现分散的、小尺度的雨水滞留和净化处理(图1-4)。

"ABC水计划"不仅建立稳固的生态河岸、发挥安全排洪的作用,并且营造出有效的水循环系统。通过在公园上游区域设置生态水源净化池塘,自上而下栽种乡土湿地植物,过滤净化后的雨水重复利用于公园内的儿童游乐场,达到水资源可持续利用。

尽管各国在雨洪管理模式上的提法不同,但做法上大同小异,都是通过灰绿设施的结合,从控制雨水径流入手,综合施策来解决各类水生态文明的问题。

为了解决大规模的城市建设带来的城市水资源的需求增大、城市雨洪内涝灾害频

图1-4 新加坡碧山红茂桥公园内生物滞留池实景图

发、国内多条主要流域的水环境污染等问题，在借鉴发达国家的基础上，我国打破传统雨水管理理念，于2012年首次提出"海绵城市"发展理念。通过顶层规划的管控，从"源头减排、过程控制、系统治理"着手，综合考虑城市发展过程中水资源利用与水质指标控制、水安全与水景观、绿色设施与灰色设施、地表水与地下水等关系，在解决强降雨条件下产生的超标径流和初期雨水经过地表径流产生的面源污染问题的同时，优化城市水资源配置，提高城市水生态文明和景观设计水平。将城市排水系统、湿地系统和城市的河网水系构建成统一的自然循环系统，让城市像海绵一样具有弹性，能够自我储蓄、自我渗透、自我净化，适应环境变化和提高自然灾害的可抗性。

1.2.3 国内海绵城市的相关要求

中国海绵城市由低影响开发延伸而来，但不局限于低影响开发。自2013年12月，习近平总书记提出"海绵城市"以来，全国范围内广泛开展了关于"海绵城市建设"的研究和尝试。海绵城市在国内的发展主要经过了以下阶段：

（1）2011年8月，《室外排水设计规范》GB 50014修订时纳入了低影响开发的理念，明确其为"强调城镇开发应减少对环境的冲击，其核心是基于源头控制和延缓冲击负荷的理念，构建与自然相适应的城镇排水系统，合理利用景观空间和采取相应措施对暴雨径流进行控制，减少城镇面源污染。"

（2）2013年3月，国务院办公厅发布《关于做好城市排水防涝设施建设工作的通知》（国办发〔2013〕23号），提出了"积极推行低影响开发建设模式"的要求。

（3）2013年6月，住房和城乡建设部发布《城市排水（雨水）防涝综合规划编制大纲》，明确要求增加径流控制、面源污染控制等规划内容。

（4）2013年12月，习近平总书记在中央城镇化工作会议上的讲话中提出"在提升城市排水系统时要优先考虑把有限的雨水留下来，优先考虑更多利用自然力量排水，建设自然积存、自然渗透、自然净化的'海绵城市'。"

（5）2014年10月，住房和城乡建设部发布《海绵城市建设技术指南——低影响开发雨水系统构建（试行）》（以下简称《指南》），正式给海绵城市定义为"海绵城市是指城市能够像海绵一样，在适应环境变化和应对自然灾害等方面具有良好的'弹性'，下雨时吸水、蓄水、渗水、净水，需要时将蓄存的水'释放'并加以利用。海绵城市建设应遵循生态优先等原则，将自然途径与人工措施相结合，在确保城市排水防涝安全的前提下，最大限度地实现雨水在城市区域的积存、渗透和净化，促进雨水资源的利用和生态环境保护。"

（6）2014年12月，财政部、水利部和住房和城乡建设部联合发布《关于开展中央财政资金支持海绵城市建设试点工作的通知》（财建〔2014〕838号），启动了我国海绵城市建设的试点工作。

（7）2015年7月，住房和城乡建设部发布《关于印发海绵城市建设绩效评价与考核办法（试行）》，提出水生态、水环境、水资源、水安全、制度建设及执行情况、显示度6个方面，共计18项指标，确定了海绵城市建设的评价考核方法。

（8）2015年10月，国务院办公厅发布《关于推进海绵城市建设的指导意见》（国办发〔2015〕75号），提出"通过海绵城市建设，综合采取'渗、滞、蓄、净、用、排'等措施，最大限度地减少城市开发建设对生态环境的影响，将70%的降雨就地消纳和利用。到2020年，城市建成区20%以上的面积达到目标要求；到2030年，城市建成区80%以上的面积达到目标要求。"

（9）2016年3月，住房和城乡建设部发布《海绵城市专项规划编制暂行规定》，明确海绵城市专项规划编制内容和要求，同时要求请各地按照《海绵城市专项规划编制暂行规定》要求，结合实际，抓紧编制海绵城市专项规划，于2016年10月底前完成设市城市海绵城市专项规划草案，按程序报批。

（10）2018年12月，住房和城乡建设部发布《海绵城市建设评价标准》GB/T 51345—2018，用国家标准的方式，统一了海绵城市建设效果的评价体系，指出："海绵城市是在城市落实生态文明建设理念、绿色发展要求的重要举措，有利于推进城市基础建设的系统性，有利于将城市建成人与自然和谐共生的生命共同体。为推进海绵城市建设、改善城市生态环境质量、提升城市防灾减灾能力、扩大优质生态产品供给、增强群众获得感和幸福感、规划海绵城市建设效果的评价，制定本标准。"

1.3 海绵城市的内涵

1.3.1 海绵城市的核心思想

（1）弹性城市解决城市水灾害

弹性城市是指城市系统在被改变和重组后仍能保持原有的特性，并且能够在被破坏过程中增强自身抵抗能力和修复能力。水能够影响城市的可持续发展，为城市生态系统提供多种服务，但水也有可能是城市安全风险的主要来源之一[1]。

解决城市水灾害的主要矛盾不仅仅在于水体本身，更重要的研究对象是水体之外的环境，例如城市防洪排涝灾害频发的原因看似由于河道排水不畅，但是实际上河道上的降雨量只占总降雨量的一小部分，水质恶化的主要原因也并非是水体内部污染物超标，水资源量的短缺也不仅是因为降雨量的减少[2]。因此，城市水灾害是一个水生态系统的综合问题。传统的城市建设模式主要通过建立管网系统以快速排水为目的，无法综合地、系统地解决城市水灾害[3]。

根据《国务院办公厅关于推进海绵城市建设的指导意见》（国办发〔2015〕75号），海绵城市建设通过利用城市原有组成元素，例如道路、水系、建筑和绿地等对雨水的吸收、存储和过滤的作用，发挥水生态系统正常运行的功能，在城市发展的同时，实现雨

---

[1] 任心欣. 海绵城市建设规划与管理［M］. 北京：中国建筑工业出版社，2017.
[2] 张建云，王银堂，胡庆芳，等. 海绵城市建设有关问题讨论［J］. 水科学进展，2016（6）.
[3] 谢映霞. 基于海绵城市理念的系统治水思路［J］. 北京师范大学学报（自然科学版），2019，55（5）：552-555.

水的自然渗透，土壤的自然含水，地表径流的有效控制。

海绵城市就是保持城市处于这样一种状态：在面对城市水灾害的同时快速吸收灾害干扰，排除干扰的同时还具备净化和储存的增效功能，灾害过后不改变自身结构，并能够变废害为资源，使城市在应对雨洪灾害的时候、应对城市开发中的水问题的时候，能够具备弹性。

在科学、系统地建设海绵城市过程中，水生态基础设施是其核心，也是实现海绵城市的关键。围绕海绵城市的概念，国内乃至国际上社会各界通过广泛的讨论来关注城市洪涝问题和一系列相关的生态和环境问题，重新审视工业时代治水思路的利弊，深刻认识生态雨洪管理和城市生态建设的重要性及方法和技术，对实现生态文明和美丽中国具有重要意义[①]。

（2）低影响开发系统控制雨洪

海绵城市的核心目标是维持开发前后水文特征不变，即径流总量、峰值时间和流量等。海绵城市以"源头分散""慢排缓释""多点积蓄"为主要设计原则，通过采用以雨水花园、下沉式绿地、透水铺砖、雨水桶等低影响开发措施从水文循环的源头、中途、末端来实现场地开发前后的水文特征不变。

海绵城市是基于我国城市实际的水问题，结合国内外现代雨洪管理理论与实践，以低影响开发技术为主要手段建立和完善城市防洪排涝系统、源头径流控制系统，满足地表径流总量控制、城市雨洪调蓄的功能。

（3）可持续理念管理城市

海绵城市建设是通过树立正确的生态环境观，建立绿色生态排水系统，从城市可持续发展的角度解决城市水问题的系统工程。对城市原有的河流、湖泊、湿地等生态系统进行保护和修复，同时结合生态基础设施，通过天然植被和微生物等对水环境系统进行保护和修复。主要贯彻"渗、滞、蓄、净、用、排"六大基本理念，保留城市生态空间，恢复生物多样性，营造优美的景观环境。

---

① 俞孔坚，李迪华，袁弘，等. 海绵城市理论与实践[J]. 城市规划，2015，39（6）：26-36.

因此，海绵城市的核心是以生态系统服务为目标导向，以现代雨洪管理体系为基础，通过跨区域、跨尺度构建生态绿色生态基础设施，为城市"水生态、水安全、水环境、水资源"提供必要的保障。

1.3.2 海绵城市的技术手段

海绵城市的技术手段应该是涵盖从源头到末端的全过程技术手段，既包括诸如源头低影响开发的绿色设施，又包括排水管涵、调蓄设施和处理设施等灰色设施，甚至调蓄湖泊都应该是海绵城市技术体系的一部分。由于传统的诸如排水管涵、调蓄处理设施等业内研究相对充分，本节主要介绍源头海绵城市的技术手段，即低影响开发技术手段。

低影响开发技术按照功能，可以分为雨水渗滞、蓄积、净化和传输等类型。通过不同类型技术的搭配，可以实现雨水控制控制、径流污染控制等多重目标。但是，需要注意的是单个海绵措施往往可以承担多重功能，如雨水花园，既可以控制峰值径流系数，也可以控制径流污染，同时对年径流总量控制率也有贡献。所以，具体工程技术措施的选择，既要结合海绵城市的目标，又要考虑场地的限制因素和景观效果，甚至是市民的感受等综合确定。

（1）雨水渗滞设施

① 透水铺装

透水铺装按照面层材料不同可分为透水砖铺装、透水水泥混凝土铺装和透水沥青混凝土铺装，嵌草砖、园林铺装中的鹅卵石、碎石铺装等也属于渗透铺装。透水砖铺装和透水水泥混凝土铺装主要适用于广场、停车场、人行道以及车流量和荷载较小的道路，如建筑与小区道路、市政道路的非机动车道等，透水沥青混凝土路面还可用于机动车道[①]。

透水铺装的典型构造示意如图1-5所示。

透水铺装的实景如图1-6～图1-9所示。

---

① 住房和城乡建设部. 海绵城市建设技术指南——低影响开发雨水系统构建（试行）[S]. 北京：中国建筑工业出版社，2015.

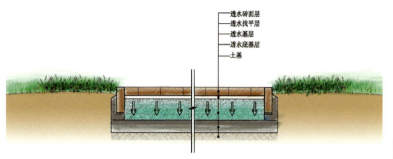

图1-5 透水铺装典型构造示意图

图1-6 透水铺装实景图——武汉青山123社区透水铺装广场
图片来源：武汉海绵城市建设有限公司

图1-7 透水铺装实景图——武汉青山公园透水沥青路面
资料来源：武汉海绵城市建设有限公司

图1-8 透水铺装实景图——武汉青山试点区钢城二中透水沥青路面

图1-9 透水铺装实景图——武汉青山试点区桥南公园园路透水铺装

② 绿色屋顶

绿色屋顶也称种植屋面、屋顶绿化等，根据种植基质深度和景观复杂程度又分为简单式和花园式，基质深度根据植物需求及屋顶荷载确定。简单式绿色屋顶的基质深度一般不大于150mm，花园式绿色屋顶在种植乔木时基质深度可超过600mm。绿色屋顶适用于满足屋顶荷载、防水等条件的平屋顶建筑和坡度小于等于15°的坡屋顶建筑。

绿色屋顶的典型构造如图1-10所示。

绿色屋顶的实景图如图1-11所示。

③ 生物滞留设施

生物滞留设施指在地势较低的区域，通过植物、土壤和微生物系统蓄渗、净化径流雨水的设施。生物滞留设施分为简易型生物滞留设施和复杂型生物滞留设施，按应用位置不同又称作雨水花园、生物滞留带、高位花坛、生态树池等。

简易型和复杂型生物滞留设施典型构造如图1-12、图1-13所示。

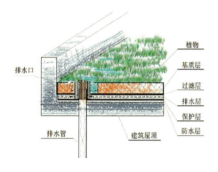

图1-10 绿色屋顶典型构造示意图

图1-11 荷兰绿色屋顶实景图

图1-12 简易型生物滞留设施典型构造示意图

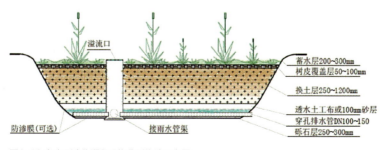

图1-13 复杂型生物滞留设施典型构造示意图

图1-14 生物滞留设施剖面图

图1-15 生物滞留设施实景图——武汉青山试点区生态旱溪

图1-16 生物滞留设施实景图——武汉青山试点区钢城二中生态旱溪改造后

图1-17 生物滞留设施实景图——武汉青山试点区雨水花园

图1-18 生物滞留设施实景图——路边式

生物滞留设施的剖面图及实景图如图1-14～图 1-18所示。

④ 渗透塘

渗透塘是一种用于雨水下渗补充地下水的洼地，具有一定的净化雨水和削减峰值流量的作用。渗透塘典型构造如图1-19所示。

渗透塘实景图如图1-20所示。

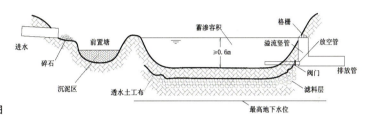

图1-19 渗透塘典型构造示意图

图1-20 渗透塘实景图

⑤ 渗井

渗井指通过井壁和井底进行雨水下渗的设施，为增大渗透效果，可在渗井周围设置水平渗排管，并在渗排管周围铺设砾（碎）石。一般渗井与植草沟、植被缓冲带等设施配合使用，由植草沟、植被缓冲带等对雨水进行预处理。辐射渗井的典型构造示意如图1-21所示。

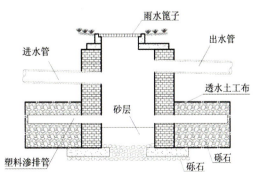

图1-21 辐射渗井的典型构造示意图

(2)雨水蓄积设施

① 湿塘

湿塘指具有雨水调蓄和净化功能的景观水体,雨水同时作为其主要的补水水源。湿塘有时可结合绿地、开放空间等场地条件设计为多功能调蓄水体,即平时发挥正常的景观及休闲、娱乐功能,暴雨发生时发挥调蓄功能,实现土地资源的多功能利用。湿塘一般由进水口、前置塘、主塘、溢流出水口、护坡及驳岸、维护通道等构成。湿塘典型构造及实景如图1-22、图1-23所示。

② 蓄水池

蓄水池指具有雨水储存功能的集蓄利用设施,同时也具有削减峰值流量的作用,主要包括钢筋混凝土蓄水池,砖、石砌筑蓄水池及塑料蓄水模块拼装式蓄水池,用地紧张的城市大多采用地下封闭式蓄水池。

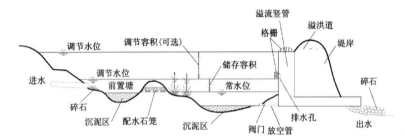

图1-22 湿塘典型构造示意图

图1-23 湿塘实景图

③ 雨水罐

雨水罐也称雨水桶,为地上或地下封闭式的简易雨水集蓄利用设施,可用塑料、玻璃钢或金属等材料制成。

(3)雨水转输设施

植草沟指种有植被的地表沟渠,可收集、输送和排放径流雨水,并具有一定的雨水净化作用,可用于衔接其他各单项设施、城市雨水管渠系统和超标雨水径流排放系统。图1-24~图1-26即为植草沟与透水铺装衔接的典型构造示意及实景图。

图1-24 透水铺装及两侧植草沟衔接示意图(一)

图1-25 透水铺装及两侧植草沟衔接示意图（二）

图1-26 植草沟实景图

第 2 章

武汉的试点
探索之路

"善治国者必治水，善为国者必先治水。"中华民族历来将治水作为治国安邦的大事。纵观武汉百年来的城市发展史，亦是一部治水史。1889年张之洞督鄂，先后实施了加固武昌南北堤、兴筑汉口张公堤等一系列治水举措，三镇自此开始试图改变"避水择高而居"的传统城市形态，逐步走向探索城水更加贴近的发展之路。城水贴近的发展思路带来了更大的发展空间，也同样带来更大的治水挑战，其中特别是城市内涝和水环境污染的挑战。

2.1 武汉治水历程

世界上任何一个城市，如果城市内涝与水环境污染状况堪忧，这不仅会作为城市负面标签，影响城市形象，降低城市吸引力，同时会制约城市的健康持续发展，更会威胁城市居民的人身财产安全。如何发展提升城市的治水营城理念，切实补齐城市短板，破解城市内涝与水污染难题，是关系到城市未来、提升百姓获得感的重要目标。总体来看，武汉的治水历程，依次经历了"以让为本——外挡内蓄——蓄排结合"的3个时期。

2.1.1 "以让为本"阶段

（1）本阶段城市发展特点

"以让为本"是一种人与城市顺应自然的阶段。武汉地处古云梦泽故地，素有江城和"百湖之市"的美誉，长江、汉水等10条河流汇聚于此，百余湖泊密布全市。没有一座城市像武汉这样，与江湖的关系亲密无间，也与江湖的抗争不休不止，水就是这座城市的独特基因。作为典型丰水城市，武汉历史上一直在主动思考如何理水营城，变水患为水利，促使城水关系进一步和谐共生相融，探索城水关系融合发展的可行路径。

武汉最早的城市建设史应当从距今3800年的商代盘龙城开始，也是迄今为止在长江流域发现的唯一一座商代古城。殷商盘龙城遗址文化，被论证为"华夏文化南方之源，九省通衢武汉之根"。盘龙城遗址作为长江文明的重要代表，是中华文明多元文化的重要组成部分。在当时不仅是一个地域性的政治与军事中心，而且是南方与北方的一个经济

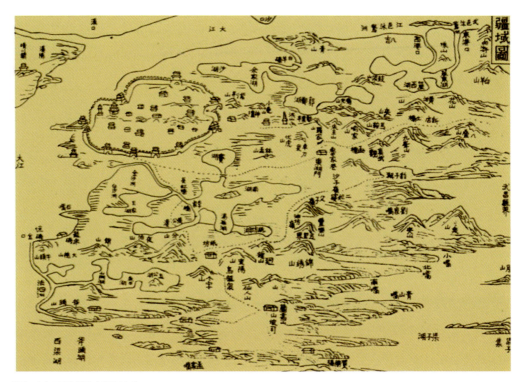

图2-1 江夏县志图（1869年）
资料来源：陈韦．武汉百年规划图记．北京：中国建筑工业出版社，2019.

和文化的交汇中心。这对于武汉三镇的孕育与发展产生重大的影响。

武汉的城市起源，是东汉末年位于今汉阳的却月城、鲁山城和武昌蛇山的夏口城。高地筑城和依水兴城是古代武汉筑城的主要特征。三国时筑军事城堡却月城（今汉阳）、夏口城（今武昌），充分体现了临水建城的军事意义，明成化年间汉水改道，水运优势得以充分释放，带动了汉口商贸重镇的兴起，形成了武汉三镇的雏形[①]（图2-1）。

（2）本阶段雨洪管理特点

武汉古代城市规划选址充分体现了《管子》"凡立国都，非于大山之下，必于广川之上；高毋近旱，而水用足；下毋近水，而沟防省"的学说，即依山傍水，有交通水运之便，且利于防卫；城址高低适宜，既有用水之便，又利于防洪。汉阳却月城、武昌古城的选址都体现了这些特点，汉口堡是因为水运兴起而建设的港口贸易城镇，也是在汉口

---

① 陈韦，武洁，成钢，等．武汉百年规划图记[M]．北京：中国建筑工业出版社，2019．

高地选址建设起来的。

武汉古代城市是军事防御与防洪工程的统一体。古城的水系是多功能的统一体，是古城的血脉。武汉古代城市雨洪管理的方略是"防、导、蓄、高、坚"。

"防"就是障水，即用筑城、筑堤等办法障水，使外部洪水不致侵入城区，以保护城市的安全。"防"不仅是城市防洪的重要方略，也是流域防洪的重要方法。

"导"即疏导江河沟渠，降低洪水水位，使"水由地中行"，不致泛滥成灾。对古代武汉城市防洪而言，"导"主要是建设城市排水系统，排除城区雨洪，使城中免受雨潦之灾。

"蓄"即调蓄洪水，使水归于壑，不致漫溢泛滥。城内外的湖池以及城内的河渠，均有重要的调蓄作用。城外湖池可调蓄城外洪水，降低洪水水位，以减少洪水灌城之患。城内的河渠和湖池可以调蓄雨洪，减少雨潦之灾。值得注意的是，古城的河渠水系既有导的作用，又有蓄的功能。在干旱时以蓄为主，在暴雨或久雨时以导为主；在城外洪水泛滥，城门下闸时，城外壕池的作用为导，城内河渠湖池作用为蓄。在城外洪水困城，城内雨洪无法外排时，古城调蓄系统的蓄水能力对避免内涝之灾具有决定性的作用。

"高"即居高而避水，也是城市防洪的方略之一。建城选址，地势高些，可以减少洪水之患；武汉古城中的重要建筑，多建在地势较高之处，如黄鹤楼为了避水，在平地筑起高台基，房屋建于高台之上。

"坚"即建筑物坚实，不怕洪水冲击和泡浸。在古代城市防洪中，"坚"包括两方面的内容，一是城墙、堤塘等防洪设施坚固抗冲，以保护城区的安全；二是不受城堤保护的建筑，修筑得非常坚固，可以抵御洪水的冲击泡浸。

（3）本阶段困境分析

总体说来，古代武汉城市的雨洪管理遵循了"天人合一"的理念，是一种自然柔性的管理方式。但是，由于当时生产力技术水平的限制，城市发展建设只能在高地选址，可用于建城的用地有限，因此难以适应城市商贸发展需求和近代化的需要。与此同时，频繁的洪涝灾害使得古城周边大片土地处于泽国之中，导致可用于日常耕作的农田数量先天不足，进一步限制了古城人口和用地规模的扩大。

2.1.2 "外挡内蓄"阶段

(1) 本阶段城市发展特点

外挡内蓄是一种人与城市与自然抗争妥协的阶段。在《武汉地方志》的记载中,大水几乎每三年就拜访一次武汉,此地居民几乎成了看天的专家,也习惯了洪水侵袭。根据美国约翰霍普金斯大学历史系教授罗威廉在《汉口:一个中国城市的冲突和社区》中这样描述:"洪水侵袭已经成为汉口生活中一件习以为常的事了,大众的反应已经形成了模式:堵塞水口,沿大堤安置好水车,准备好疏散用的高地,当地的善人会在城市的通衢上架设临时桥梁,较穷的人驾着小船去摆渡市民。重要的是,全城的人都在为新的一年里恢复城市而出钱出力。"

长期以来,在武汉人与水长期相处的过程中逐渐形成了这样两个对立课题,并不断循环往复:"因水而盛,人口增加,城市扩张;因水而险,洪水肆虐,冲毁城市。"该阶段中,城和水的矛盾主要表现在城市和外江洪水的矛盾。

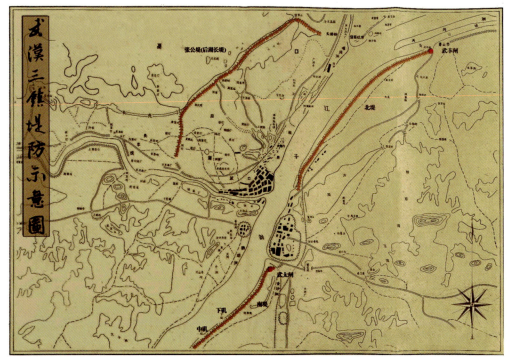

图2-2 武汉三镇堤防示意图(清代)

与筑堤防洪水相伴的是城市建设面积的大幅拓展，其中最典型的就是张之洞督鄂时期建设的以汉口张公堤为代表的一批防御洪水的水利工程。百年以来，这批工程不仅框定了武汉市城市发展格局，也使得原本相对自由的河道逐渐稳定（图2-2、图2-3）。

（2）本阶段雨洪管理的特点

① 筑堤防洪

武汉市地处长江中游的长江汉水汇合处，长江是雨洪河流，武汉段洪水主要由长江上游洪水、洞庭湖流域洪水、湖北境内沿江支流洪水构成，并受鄱阳湖流域洪水的顶托影响。由于影响因素多，在多因素作用下导

图2-3 商埠口岸建设示意图

致武汉汛期洪水呈现出汛期时间长、洪水流量大、洪水位偏高且发生频次越来越密的特点，往往几江洪水齐发，洪峰交错叠至，上压下顶，外洪内涝。

自有水文记录以来的146年间（1865~2010年），洪水超过市区设防水位25.00m（吴淞高程，下同）的有97次，超过警戒水位26.30m的有40次，超过27.00m的有19次，最大洪峰流量超过60000m³/s的达15次。统计数据显示，武汉市区海拔21~27m，比长江汉口站最高水位（1954年29.73m）低2~8m。全市平均高程24m，低于多年平均最高洪水位25.5m以下的区域占6成以上。

滨江的特点使堤防成为几千年来武汉市城市安全所必须的基础设施。也借助于堤防工程的建设，城市发展空间大大拓展。1905年，时任湖广总督的张之洞为治水患，修建了张公堤，自此汉口与东西湖分开，后湖等低地露出水面，可供居住和耕作，由此奠定大汉口之基。

② 内蓄防涝

在堤防建设以防外洪阶段完成后，也带来整个城市拓展空间和排水格局的变化，原本汛期会被淹没的土地逐渐可以耕种和建设，也使得城市成为一个由堤防环绕的盆地。但也正是受限于汛期雨水的容纳空间，城市空间的拓展始终不能大规模地向农田和湖沼延伸，因为相对于农田和湖塘，百姓更加难以接受住房被暴雨淹掉。正是如此，当时的城市展现的是一种小城大湖、小城大塘的防涝体系。

（3）本阶段困境分析

自从人类开始学会在自然引导的基础上，利用堤防约束河道，从而保护外洪到来时自己生命和生产的安全。但是受限于当时科技水平，外江水位高涨时，堤防保护范围内的降雨只能靠城外的农田、鱼塘围积，汛期的雨水排除成为制约城市发展的一大问题，也限制了城市的进一步发展。也正因为如此，城市发展开始填泽造城、填湖造地，为社会发展需求提供了空间，直到遭遇1998年长江全流域大洪水和严重城市内涝的洗礼。

2.1.3 "蓄排结合"阶段

（1）本阶段城市发展特点

水泵技术的发展、供电技术的发展为城市汛期降低建设区周边的水位提供了可能性，原本小城大湖、小城大塘的防涝体系逐步在泵站等基础设施建设和调蓄空间重构中建立新的平衡。特别是经历1998年长江全流域大洪水和严重城市内涝的洗礼，武汉市迅速统一思想、调整思路，把水系保护作为城市建设的重点内容，把填湖建设转变为保护利用。湖泊的功能、属性也由此发生了深刻变化，不仅仅有着雨水调节、排洪防涝、养殖、绿化园林、景观休闲等功用，更是成为城市水资源、水环境的重要考量指标，以及城市发展的重要驱动力。在武汉，湖泊已经成为一种文化、一种文明[①]（图2-4）。

---

① 武汉市水务局. 武汉市湖泊志[M]. 武汉：湖北美术出版社，2014.

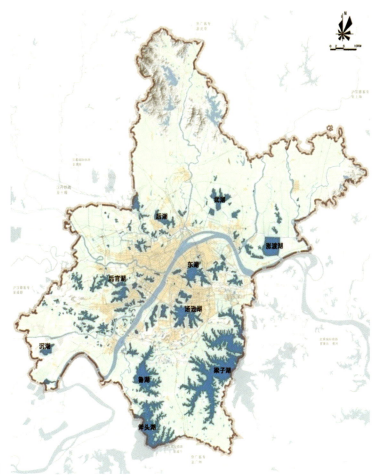

图2-4 武汉市湖泊分布图

（2）本阶段雨洪管理特点

① 汛期强排

近年来，由于武汉堤防建设的不断完善，防洪得到保障的同时，城市内涝问题逐渐凸显，"到武汉看海"一度成为网络流行语。2016年6月30日到7月6日一周降雨量创历史记录，达到561mm，超过1998年的539mm，仅7月5~6日，城区降雨总计242mm，且降雨集中，最大12小时强度达到198.6mm，城区各类渍水点近190处，暴雨灾害同时造成全市12个区75.7万人受灾。

这是由于依赖于筑堤的城市建设模式，汛期长江水位一旦上涨至一定程度，城市堤防保护线内的港渠排水外排情况必然受限，武汉汛涝同期的特点又决定了此时武汉降雨量也大幅增加。为解决城市内涝问题，只能依靠泵站将水抽排出江，所以多年以来，泵站的外排能力一直是武汉市排水系统中的一大瓶颈。

②水质恶化

在治污方面，新中国成立以来，武汉的治水思想和任务伴随着社会经济的发展不断演变，互相推动。20世纪50年代，武汉市污水系统建设尚不完善，河道湖泊因此受到了严重污染，20世纪80年代，先期开展了黄孝河综合治理，但鉴于当时资金有限、农业灌溉用水等问题突出，提出了排污、排渍、污水灌溉农田、污水养鱼等综合治理措施。随后东湖启动截污工程建设，实施了系列东湖流域的污水配套工程。世纪之交，利用世行、荷兰贷款，实施了系统的城市污水收集处理体系建设，大大提升了武汉市污水收集率，保护了湖泊和长江水环境。2010年之后，武汉市污水治理由"污水控制"向"污水

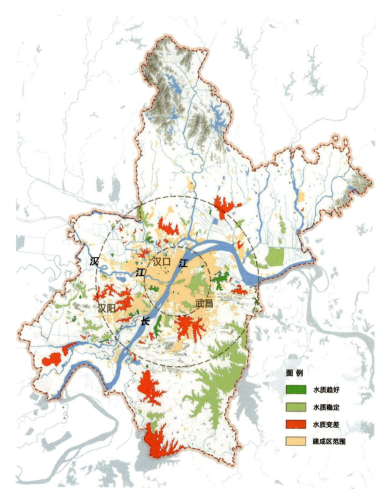

图2-5 武汉市湖泊水质变化趋势图

管理""污水单一达标排放""水的健康循环利用"的思想转变,主城区相继建成13座污水处理厂,第一次系统构建了主城区污水收集和处理的骨架系统。

但是,随着城市不断扩张,人口增加,城市建设中的问题逐渐体现在水环境上。城市建设中未能实现收集处理全部的污水、雨水冲刷下以马路为代表的硬化地面的径流污染等,逐渐形成对水体水质的巨大污染。

根据湖泊近五年水质数据,将湖泊水质变化趋势分为水质趋好、水质稳定、水质变差三种。可以明显看出,水质好转的湖泊,大都集中在中心城区范围内,而水质变差的湖泊都是集中在城市建设用地拓展的边界上。中心城区湖泊水质的好转,说明中心城区湖泊的关注度较高,湖泊保护措施逐步到位,使得水体环境质量逐渐提升。但另一方面,建设区所及的湖泊水质变差,又说明在城市拓展过程中,新城区的湖泊污染防治体系是有欠缺的,新城区正在重复主城区先污染后治理的发展模式。这就导致从城市整体上来看,武汉市湖泊污染正在向外围转移[①](图2-5)。

(3)本阶段困境分析

城市规模扩张、污水治理手段欠缺带来水污染问题的出现,直接对原有蓄排体系产生巨大影响,原本可以直接排湖调蓄的雨水,由于受到混流污水或者城市面源污染的影响变成污水,此时传统的蓄排平衡被打破,少蓄甚至不蓄的呼声高涨。至此,武汉市开始新型雨洪管理模式的探索之路。

---

① 姜勇. 城市空间拓展对湖泊水质影响及对策研究——以武汉市为例[J]. 城市规划,2018,42(6):95-99.

2.2 试点区的选择

正是立足于试图突破当前城水关系的困境，武汉市积极组织并成功申报成为全国首批海绵城市建设试点城市，并在申报阶段确定了"集中示范、分区试点、全市推进"的总体思路。其中，集中示范是重点、分区试点是补充、全市推进是方向。对于海绵城市试点之初的建设，武汉市采用一种客观、严谨、问题导向的态度开展尝试，在分析水系统存在的主要问题基础上，结合城市自身资源优势，最终探索出一条海绵建设之路。以"雨水管理达到国内先进、河湖水系水质有效改善、防涝水平显著提高"为目标，在法规、技术、项目、管理、投融资等与海绵城市建设相关的各个方面进行全面探索和试点实践。

为充分发挥示范区的示范效应，综合考虑建设代表性、水问题代表性、水系统完整性和效果的易考性这五大要素，武汉市最终选择两片集中示范区，分别是代表旧城特征的武昌青山示范区和代表新城特征的汉阳四新示范区（图2-6）。

青山示范区范围为23平方公里，包括直接排江的港西系统和东湖水系东湖汇水区的东湖港子流域，示范区内以建成区为主，包含了长江、东湖、杨春湖、东湖港、青山港及武钢引水明渠等多个不同特点的自然和人工水体，地区规划拟建设青山滨江商务区、南部品质生活区、两河生态文化区和杨春湖副中心等功能区。四新示范区范围为15.5平方公里，是武汉新区的重要组成部分，是武汉城市总体规划确定的3个城市副中心之一，也是武汉新区新形象、新特色、新功能的集中展示区，以在建和待建区为主，滨临长江，区内有丰富的人工河渠。两处示范区恰恰能够综合代表武汉最具特点的水系水网特点，即内涝水污染问题突出和蓄排特征代表性强。

图2-6 武汉市海绵城市试点片区区位图

（1）内涝水污染问题突出

武汉市所选两处试点区都紧邻长江，地面高程远低于汛期水位，呈现四周高中间低的地势，雨洪同期导致两示范区内涝风险较高。以2013年7月7日武汉特大暴雨为例，主城区渍水点总计约50处，其中四新试点区5处，青山试点区11处。可见解决两示范区内涝防治需求对提高城市安全十分必要。

水环境方面，根据当年检测情况，两试点区水体水质普遍较差，四新试点区港渠水质基本处于劣V类水平，青山试点区更是存在3条黑臭水体。四新示范区作为武汉规划确定三大城市副中心之一，水环境是其形象特色的重要体现；青山示范区作为大东湖水网的起端，水环境直接影响到整个东沙湖系统；因此两区都迫切需要改善水环境质量，消除黑臭水体，从而整体提升片区品质。

（2）蓄排特征代表性强

四新试点区位于蔡甸东湖水系，是汉阳"六湖连通"的核心水网区，区域港渠水系发达。青山示范区东部东湖港、青山港等水系连通长江与东湖，是大东湖水网与长江沟通的重要通道。两片水域面积丰富，可调蓄空间大，充分体现了武汉市充分利用湖泊调蓄的特征。而青山示范区西部港西系统内基本无湖泊水面，无调蓄能力，主要依靠泵站抽排，能充分反映武汉市以泵排为主的区域特点。

因此，两示范区基本覆盖了武汉市排涝的形式和特征，将湖泊调蓄与泵站抽排的蓄排平衡体系、无湖泊调蓄泵站直排的体系全部囊括，具有很好的代表性。

2.3 试点之初的困惑

2.3.1 如何控制试点风险

在国家全面要求开展海绵城市建设之前，首先开展试点城市建设，重要原因之一就是在2014年、2015年海绵城市理论、技术甚至连基础数据都不成熟。所以试点之初，武汉市首先开展了风险分析，试图提前找到海绵城市建设中可能存在的风险，并在实际建设中尽量避免。虽然有些问题在试点实践中得到了很好的解决，但是本书将试点之初武汉的担心列出，以期作为其他城市开展海绵城市建设的借鉴。

（1）技术风险

低影响开发的雨水系统虽然在北美以及欧洲等发达地区被广泛认同和推广，但是这项技术进入我国不过10年。对于刚开展海绵城市建设的城市而言，由于技术手段较新、专业人才储备不足，不管是技术人员还是政府管理部门，都需要一段时间的适应期。在国内，关于海绵城市的技术理论体系和部分技术问题都有待完善。

① 透水性路面研究：虽然透水性路面成为解决洪峰流量增加、城市水资源匮乏、城市排水系统在大雨期间瘫痪等问题的有效手段，但由于环境、气候条件、结构、交通路、超限车辆等因素的影响，透水性路面不可避免地出现了各类病害，降低了其使用寿命，给路面的养护管理带来了较大的难度。

② 绿化方式和物种选择研究：绿地植物的选择除了考虑植物景观功能外，更重要的

是要考虑植物能否在下凹式绿地的特殊情况下生长良好，且能最大限度发挥其功能。虽然国外很多学者已经开展了大量的研究工作，不同植物的生长环境、对雨水中污染物的去除能力存在较大差异，但目前我国这方面的研究有待完善。

③ 绿色屋面荷载、防水等研究：国内现存的种植屋面的做法非常有限且不成熟，而且现存的种植屋面漏水现象严重，在大力发展种植屋面的今天，如何设计出可靠的种植屋面系统，是否可以继续沿用原来的常规做法已经成为摆在设计师面前的棘手问题。

④ 针对南方城市特点的低影响开发技术选择研究：海绵城市技术体系主要落实到"渗、滞、蓄、净、用、排"，国内外学者研究出一系列的低影响开发技术，但针对南方城市土壤渗透性能差、地下水位高等特征，选用渗透设施时应进行必要的技术研究，防止塌陷、地下水污染等次生灾害的发生。

（2）社会风险

海绵城市建设包括新建项目和改造项目，对于社会和环境的效益是长期的，但实施过程中将面临一系列的社会风险：① 项目可能造成环境破坏的风险；② 群众抵制征地的风险；③ 群众对生活环境变化的不适风险。

（3）管理风险

海绵城市建设完成后，管理单位不仅局限于某一个部门，应该统筹协调水务、交通、园林、水利等多个行政主管部门，对于小区内部的管理，需提升物业管理单位的管理水平，进行专门的人员培训，同时制定符合武汉实际的海绵城市管理机制，避免由于管理不善造成城市的"脏、乱、差"。

（4）经济风险

海绵城市建设鼓励采用政府和社会资本合作（PPP）模式，但可能由于政府政策的不连续性、变化过于频繁，导致私人投资方要求更高的投资回报率作为承担更高风险的一种补偿。在实际运营过程中，由于基础设施项目的经营状况或服务提供过程中受到各种因素的影响，项目盈利能力往往达不到私营合作方的预期水平而造成较大的风险。

2.3.2 如何体现试点价值

海绵城市是一种理念，理念的落实与现有的建设模式存在较大差异，存在与传统的管理模式不协调之处，如何凝聚各专业、各行政主管部门的合力？城市建成区面积广，水问题特点不同，如何避免一刀切？源头项目与老百姓生活息息相关，如何做到大家满意？试点建设与全面推进状况下，如何快速推广海绵城市相关知识、充实专业人才队伍？如何保证高质量推进？海绵城市试点建设对象相对孤立，如何统筹使得海绵城市从单个、碎片化的工程项目建设开始，最后实现系统化的效应？

以上问题都是在海绵城市试点尚未开始，任何一个试点城市都需要思考的问题。为了更好做好试点工作，并达到国家预期的试点价值，武汉对自身的特点和试点过程中拟重点解决的问题进行了分析。

（1）城市建设理念问题

作为国家中心城区，武汉传统建设模式体量大，问题逐步凸显，仅靠单一、粗放的措施难以解决面临的问题，急需改变城市发展理念和建设模式，寻求新的城市发展道路。海绵城市建设在城市防涝理念上实现"三个转变"，从末端转向源头，从快收快排转向慢排缓释，从集中转向分散。通过绿色屋顶、城市道路、透水铺装、下凹式绿地、蓄水池等设施，从源头减少城市地表径流的产生，通过存储、调节、转输雨水，延迟暴雨径流峰值，通过对雨水截污、净化有效去除雨水径流中的污染物。构建"渗、滞、蓄、净、用、排"的慢排缓释、自然生态的海绵城市。海绵城市在强调绿色基础设施建设的同时提出，源头控制技术不可能完全取代传统的灰色基础设施。因为在高密度的城市化区域，"灰色与绿色""地上与地下""源头与末端""蓄与排"的有机结合才是海绵城市建设的关键。

（2）水安全问题

长期以来，武汉市面临较大的防洪排涝安全保障压力和水源地安全保障压力[1]。对于

---

[1] 陈雄志. 武汉市汤逊湖、南湖地区系统性内涝的成因分析[J]. 中国给水排水，2017，33（4）：7-13.

传统的城市雨水管理模式，其理念主要在于"快排"为主、终端治理。这样的排水模式导致排水管径、泵站容量越来越大，不仅造价高，而且不能从根本上解决问题，反而增加了下游的排水压力。应根据海绵城市建设理念，将强调优先利用植草沟、雨水花园、下沉式绿地等绿色措施来组织排水，以"慢排缓释"和"源头分散"控制为主要设计理念，从源头上控制雨水径流，构建城市源头、雨水管渠和超标消纳的排水体系，保障城市防洪排涝安全和水源地安全。

（3）水环境问题

有着优越水资源禀赋的武汉市，一直陷于"优于水又忧于水"的处境中。近年来的《武汉市环境状况公报》指出，武汉市面临的水环境问题主要是湖泊污染，由于湖泊多为封闭水体，且多数湖泊水量小，自净能力弱，传统的排水系统使水质易受地表径流污染影响。海绵城市理念作为模拟自然循环过程一种技术，突出对城市原有生态系统的保护、生态恢复和修复以及低影响开发，强调利用生物滞留和渗透技术能够就地截留及管理雨水，并通过沉淀、过滤、吸附、生物降解等作用，能够降低由初期雨水冲刷形成的地表径流污染物的浓度，保护湖泊河流免受污染物的影响。

（4）优化管理问题

基于武汉市城市内涝分析模型，结合海绵城市建设，建立低影响开发的源头控制数据模型，构建武汉市"源头—小排水—大排水"系统模型，实现信息化管理平台。加快管理机制建设与优惠政策的制定，研究符合武汉实际的海绵城市管理机制，制定低影响开发雨水系统指标体系、规划规范和管理条例，结合武汉市实际情况制定相应的优惠政策，调动开发商及相关建设部门建设海绵城市的积极性。同时在武汉市内普及海绵城市建设理念，改变传统排水观念。通过完善制度和全民参与的方式，逐步优化管理体制。

2.4 试点推进历程

武汉市海绵城市试点推进工作从2014年12月组织试点申报开始，到出台一系列政策文件、技术标准，并探索成立海绵城市投融资平台公司专门负责推进试点区建设，经历了海绵城市从试点到全面开展的全过程。

国家首批海绵城市建设试点资格的取得：2015年元月，武汉市启动海绵城市建设试点城市的申报工作，通过湖北省和国家三部委（财政部、水利部及住房和城乡建设部）的层层筛选，最终成为全国首批16个海绵城市建设试点城市之一。

海绵城市建设试点工作领导小组的成立：由于海绵城市建设涉及建筑小区、城市道路、排水管网、城市水系、公园绿地等方方面面，在试点建设之初，武汉考虑的是如何对如此多的部门和建设对象进行统筹协调。为顺利推进海绵城市建设，武汉市成立了海绵城市建设试点工作领导小组，由市长任组长，分管副市长任副组长，各相关部门和单位负责人为成员，建立工作协商机制，对试点工作的重要政策和重大事项进行决策、协调、督办。领导小组下设办公室，在市城乡建设委员会办公，具体负责领导小组的日常工作。并且要求试点区所在人民政府成立海绵城市建设工作专班，由区人民政府主要负责人牵头，负责全面统筹、协调、组织、实施试点区内海绵城市建设试点工作。

海绵城市政策文件的出台：取得试点资格伊始，武汉市研究出台了《武汉市海绵城市建设管理办法》，希望通过该办法梳理海绵城市建设过程中的审批监管流程，明确各政府职能部门职责。

技术标准体系的研究：依托国家首批海绵城市建设试点资格，武汉市编制完成《海绵城市建设规划设计导则》。同时，开展《海绵城市标准图集》的编制研究工作，为海绵城市建设统一了技术路线。

专门投融资平台公司的组建：为加快海绵城市试点建设，探索积累海绵城市建设经验，武汉市专门成立海绵城市建设有限责任公司，负责海绵城市试点区的相关建设工作。

2.5 试点区规划编制体系

2015年1~3月,武汉市组织技术团队编制了《武汉市海绵城市建设试点城市实施方案》,保障武汉市通过湖北省海绵城市试点申报选拔,并进一步获得全国试点资格。4月底~5月中旬,《武汉市海绵城市试点建设三年实施计划(2015—2017年)》编制出台,确定了试点期内武汉市海绵城市试点建设实施方案。4~6月,武汉市水务局、市国土规划局、市城建委和市园林局联合发布了《武汉市海绵城市规划设计导则(试行)》,为武汉市海绵城市规划、设计和建设提供指引。8~12月,试点区实施单位组织编制了《武汉市海绵城市建设青山示范区年径流总量控制规划》和《武汉市海绵城市建设四新示范区年径流总量控制规划》,为下一步设计提供依据。3~12月,市国土规划局开展了《武汉市低影响开发雨水管理系统规划控制研究》,主要研究了如何将新建项目的海绵要求纳入规划审批流程。依托该研究成果,2016年5月18日武汉市政府颁布《武汉市海绵城市建设管理办法》(武政规〔2016〕6号)后,市国土规划局制定并印发了《武汉市国土规划局关于加强我市海绵城市规划管理的通知》(武土资规发〔2016〕113号),明确了规划阶段海绵城市建设相关要求的审批流程,制定了方便审查的"三图两表"等标准技术文件,并先后两次对全市国土规划系统工作人员进行了培训。同时,根据住房和城乡建设部印发的《海绵城市专项规划编制暂行规定》,2016年10月,武汉市编制完成了《武汉市海绵城市专项规划》。

其中,对武汉市海绵城市建设具有标志性作用的文件主要如下。

（1）《武汉市海绵城市建设试点工作实施方案》

2016年3月21日，武汉市以武政办〔2016〕13号文出台了《武汉市海绵城市建设试点工作实施方案》。明确示范期整体目标和具体的指标，提出加强政策法规体系建设、形成系统技术体系、加大统筹管理力度、实施海绵设施建设和积极多方筹措资金五大任务，就试点建设任务的完成明确了加强组织领导、强化部门联动和加强宣传引导等3个方面的保障措施。

（2）《武汉市海绵城市建设管理办法》

2016年5月13日，武汉市以武政规〔2016〕6号文出台了《武汉市海绵城市建设管理办法》。该办法对海绵城市的规划、建设、验收和后期维护的职责和要求进行了规定，明确了海绵城市建设相关职能部门和参与主体的责任和任务，提出了支持和保障的基本措施以及追责的相关规定。

（3）《关于加强武汉市海绵城市规划管理的通知》

2016年6月6日，武汉市国土资源和规划局以武土资规发〔2016〕113号文发布了《关于加强武汉市海绵城市规划管理的通知》，明确从2016年6月1日起，全面开展新建项目落实海绵城市建设的具体要求，并规定了规划管理的具体流程。

2.5.1 试点区总体建设思路

（1）示范试点与治水思路转变同步

按照"集中示范、分区试点、全市推进"的思路，采用"2+N"的模式，试点期内打造一新一旧两个集中示范区，并鼓励其他行政区因地制宜地选取示范工程进行同步实施。计划通过两试点区积极探索海绵城市建设的技术体系、管理流程等，总结可在全市全面推广的海绵城市建设模式。

（2）工程建设与机制体制建设同步

同步构建法规、管理、技术、项目和融资的"五大体系"。完善修订现有绿化、湖泊、排水等管理条例，出台海绵城市建设管理办法；构建包含领导决策、规划审批、日常协调、督导考核、维护管理、补偿奖励的多维管理体制；制定海绵城市建设与运行维护的技术指南、标准，搭建智慧平台；制定海绵城市建设项目库及建设计划，明确项目内容、规模、建设管理主体、建设时序；探索PPP模式，建立开放、有序、可控的融资体系。

（3）保护修复与低影响的开发同步

严格保护现有河湖、湿地、沟渠等水生态敏感区，控制足够的涵养水源、应对强降雨的林地、园地、湖泊、湿地和基本农田等基本生态区域。对已经受到破坏的水体和其他自然生境，运用生态的手段进行修复；按照对城市生态环境影响最低的开发建设理念，合理控制开发强度，保留足够的生态用地，控制城市不透水面积的比例，适当开挖河湖塘渠及建设雨水蓄用设施，最大限度地减少对城市原有水生态环境和径流特性的破坏。

（4）源头减量与排水设施提标同步

同步建设"三大系统"，即低影响开发雨水系统、城市雨水管渠系统及超标雨水分蓄流系统。低影响开发雨水系统是针对中小降雨而设计，主要从源头削减径流总量和面源污染；城市雨水管渠系统旨在保证设计暴雨下的排涝安全；超标雨水分蓄流系统针对超标暴雨设计，将超标径流分蓄到可短时蓄水的湖泊、港渠、蓄水池、深隧等设施。

2.5.2 试点区系统方案

青山区是武汉市海绵城市建设的试点区域。青山区作为20世纪50年代为建设武汉钢铁集团而成立的行政区，如今已步入花甲之年，面临着基础设施薄弱、城市内涝和水污染问题严重、产业衰退、年轻人外迁、老龄化率高等问题，城区已经出现衰败迹象（图2-7）。

在海绵城市建设开始之前，青山区首先全面盘查了试点范围内水系统存在的问题，其中重点对内涝和水环境问题进行了分析：关于内涝，通过调查历史数据，结合雨洪模

图2-7 武汉青山试点区实景

图2-8 渠道水环境问题

型分析,划定项目范围内的内涝高风险区;关于水环境,通过对城市河道污染来源进行排查分析,确定河道污染主要来源为混流的生活污水、排水管道沉积物、初雨径流污染等(图2-8)。

在试点区海绵城市总体技术方案方面,武汉力促海绵城市多重体系的耦合,选取老旧社区、道路、公园和水系等海绵性改造项目开展系统研究,实现河湖生态体系、常规排水体系以及源头控制体系的三大体系的耦合。构建"问题导向,渗排结合"的海绵社区;建设蓄水优先,充分弃流,传统排水和超标雨水径流排放系统有机的结合的海绵道路;打造绿水相依融,回归自然的海绵公园,因地制宜开展研究。与此同时,武汉还把握住城建攻坚五年计划的契机,在大规模推进城市基础设施建设和改造的过程中,利用草沟、雨水花园、下沉式绿地等"绿色元素"组织排水,优先考虑社区、道路等的"滞、渗、净、蓄"能力,排用结合,精心呵护原有的"天然海绵体",大规模构建新的"绿色海绵"。

(1)实施方案

解决水系统问题:从"水量"和"水质"两个方面对雨水进行管理。水量方面,增加源头低影响开发设施,减缓雨水径流,同时畅通河道,保证排水能力;水质方面,构建微地形,引导径流经湿地等设施净化,控制进入水系的污染小于水系环境容量,形成可持续的水环境保护策略(图2-9)。

改善生态体系:利用新建、改造的绿地空间,营造生物栖息地,使人们在城市中拥有一片与自然亲近的空间(图2-10)。

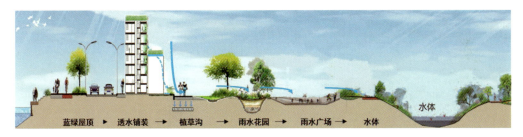

图2-9 海绵城市下的径流排放体系示意图

图2-10 海绵城市下的生态体系示意图

图2-11 海绵城市与城市更新的结合示意图

传承城市记忆：结合海绵城市建设，保护项目范围钢铁工业发展时期遗留的历史建筑，改善周边环境设施水平，提升旧城活力（图2-11）。

（2）实施效果

海绵城市建设与旧城市政承载力提升相结合，防涝水平从十年一遇提升到三十年一遇。通过"源头减排、过程控制、末端治理"的工程措施，对项目范围内内涝风险高的社区进行海绵改造，对排水管道进行增补，对水系进行疏浚整治，大大提升项目范围内的防涝水平，目前已由十年一遇提升到三十年一遇，规划预计达到五十年一遇。

海绵城市建设与生态环境治理相结合，水环境质量由黑臭提升至地表水Ⅳ类。对污染控制从末端收集处理转变到源头—末端并重，注重污水收集管网建设和雨污分流改造，污水收集处理率达到95%，同时通过诸如雨水花园、生物滞留池等绿色基础设施净化雨水径流，雨水径流污染削减率达到70%。

海绵城市建设与旧城复兴相结合，老龄化率由33%下降到30%。借助海绵城市建设，新增绿道、滨水空间、文体广场和邻里中心，改善供水设施。有了好的环境，艺术家开始入驻，年轻人开始回归，城市老的工业区重新焕发活力（图2-12~图2-14）。

图2-12 海绵城市建成实景图（青山东杨港河道与坡岸改造）

图2-13 海绵城市建成实景图（青山东湖港港渠以及坡岸绿化改造）

图2-14 海绵城市建成实景图（青山公园改造）

2.5.3 试点期间的技术体系

回溯到2015年武汉市入选全国首批海绵城市建设试点城市之初，无论应对国家海绵城市试点考核，或是解决地区内涝防治和面源污染控制等问题，海绵城市建设都迫在眉睫。但在当时环境之下，海绵城市建设尚未形成一套科学完整的规划、设计、评估体系，且海绵城市建设地区差异性较大，如何根据武汉市实际，制定试点期间全市统一的技术体系，是包括武汉在内的所有试点城市必须解决的问题。

与其他很多试点城市一样，武汉市选择了首先出台一套可以用于指导规划和设计的技术文件，通过制定规划设计导则指导海绵城市建设。可以说《武汉市海绵城市规划设计导则》（以下简称《导则》），是武汉市第一部构建了完整技术体系的技术文件。本节将重点介绍《导则》的核心内容。

根据住房和城乡建设部2014年10月发布的《海绵城市建设技术指南——低影响开发雨水系统构建》（以下简称《指南》）要求，"海绵城市建设应统筹低影响开发雨水系统、城市雨水管渠系统及超标雨水径流排放系统"。按此理解，海绵城市建设应该包含三套系统，分别是低影响开发、管渠和超标径流排放系统，这是广义的海绵城市。但同时业内还有一种认识，认为海绵城市应该只包含低影响开发雨水系统，这是狭义的海绵城市。《导则》从广义海绵城市的角度考虑，重点分析了以前较为忽略的低影响雨水系统体系，构建了海绵城市的规划编制体系和目标体系，建立了海绵城市在规划、建设和管理中的评估技术准则和设计指引，为示范区建设和在全市推进新建项目的海绵化提供了基本的技术依据。

此外，《导则》统一了武汉市海绵城市的建设目的。按照广义海绵城市理解，内涝防治自然是海绵城市建设的主要目的。但除了内涝防治，南北地区城市由于面临的问题不同，建设海绵城市的目的也应有所区别。北方城市常年缺水，地下水严重超采，海绵城市建设目的应以恢复正常水资源循环为主要目标之一，注重雨水资源化利用，具体措施的时候需要多采取"渗"的方式；南方城市雨量充沛，水系发达，但水质普遍较差，海绵城市建设应以面源污染控制为主要目标之一，注重面源污染控制。

从需求上看，武汉市大小湖泊166个，水面面积占全市国土面积的25%。根据《武汉市水资源公报》，2014年武汉市一级水功能区水质达标率仅为33.8%，水环境状况不容乐观。尽管近年武汉市采取了一系列沿湖截污的措施,并修建了一定数量的初期雨水调蓄池应对面源污染问题,湖泊污染有所缓解,但海绵设施的广泛性显然为面源污染治理提供了更好的途径。所以武汉市在《导则》中明确提出"武汉市海绵城市规划、设计应综合考虑地区排水防涝、水污染防治和雨水利用的需求,并以内涝防治与面源污染削减为主、雨水资源化利用为辅"。

《导则》明确了海绵城市规划设计目标的目标体系,武汉市海绵城市规划设计目标应包括年径流总量控制目标、面源污染物控制目标、峰值流量控制目标、内涝防治目标和雨水资源化利用目标。海绵城市规划设计宜开展水生态、水环境、水安全、水资源等方面的专题研究,提出合理的目标取值。未开展上述专题研究的规划设计项目,其目标值应按照《导则》的规定取值。

(1)年径流总量控制目标

《导则》规定武汉市年径流总量控制目标分为区域目标、街区目标(道路目标)和宗地目标(道路分段目标)这三级目标,下一级目标的加权平均应满足上一级目标的要求。

区域目标一般以排水系统或其中的湖泊汇水区为一个分区,确定区域年径流总量控制目标主要考虑受纳水体环境保护的要求,其主要分析资料应包括:排水系统内绿化、水系等生态性用地与其他开发用地的比例;受纳水体的环境目标;受纳水体的现状水质及主要超标污染物。

(2)面源污染物控制目标

《导则》规定水质目标为Ⅱ类、Ⅲ类的湖泊汇水区,其面源污染物削减率应达到70%(以TSS计,下同);水质目标为Ⅳ类的湖泊汇水区,其面源污染物削减率应达到60%;其他湖泊及江河、港渠汇水区,其面源污染物削减率应达到50%。

(3)其他目标

除年径流总量控制率、面源污染削减率外,《导则》还规定了峰值径流控制目标、内涝防治目标和雨水资源化利用目标等目标。

《导则》总体结构如图2-15所示。

```
1  总则
2  术语与定义
   2.1  一般术语与定义
   2.2  海绵设施术语与定义
3  基本规定
4  海绵城市规划设计目标
   4.1  一般规定
   4.2  年径流总量控制目标
   4.3  面源污染物控制目标
   4.4  峰值径流控制目标
   4.5  内涝防治目标
   4.6  雨水资源化利用目标
5  海绵性评估技术准则
   5.1  一般规定
   5.2  年径流总量控制率的简易评估
   5.3  面源污染削减量的简易评估
   5.4  峰值径流系数的简易评估
   5.5  内涝防治水平的简易评估
   5.6  雨水资源化利用水平的简易评估
6  规划指引
   6.1  一般规定
   6.2  海绵城市总体规划
   6.3  海绵城市专项控制规划
   6.4  海绵城市建设规划
   6.5  海绵建设工程修建性详细规划
7  设计指引
   7.1  建筑与小区
   7.2  城市道路
   7.3  城市绿地与广场
   7.4  城市水系
8  附录
   8.1  相关规范及文件
   8.2  各系统年径流控制目标
   8.3  武汉市土壤渗透系数及土层分布
   8.4  武汉市多年平均降雨及蒸发量
   8.5  海绵城市设施示意
   8.6  植物应用名录
```

图2-15 《武汉市海绵城市规划设计导则》总体结构图

第 3 章

海绵城市规划基础技术方法

海绵城市建设应基于以下3点认识：第一，海绵城市是一种理念，就是要在提升城市排水系统时优先考虑把有限的雨水留下来，更多利用自然力量排水，尽可能地自然积存、自然渗透和自然净化；第二，海绵城市是一种方法，就是要在解决各种城市水问题时，集成灰色设施和绿色设施、工程和非工程措施；第三，海绵城市是一种状态，就是要在城市发展过程中，让城市始终具备小雨不积水、大雨不内涝、水体不黑臭、热岛有缓解的特点。

除传统的雨污水管渠、泵站、处理厂等灰色系统外，海绵城市的建设途径主要通过以下几方面实现：一是对城市原有生态系统的保护。最大限度地保护原有的河流、湖泊、湿地、坑塘、沟渠等水生态敏感区，留有足够涵养水源、应对较大强度降雨的林地、草地、湖泊、湿地，维持城市开发前的自然水文特征，这是海绵城市建设的基本要求。二是生态恢复和修复。对传统粗放式城市建设模式下已经受到破坏的水体和其他自然环境，运用生态的手段进行恢复和修复，并维持一定比例的生态空间。三是低影响开发。按照对城市生态环境影响最低的开发建设理念，合理控制开发强度，在城市中保留足够的生态用地，控制城市不透水面积比例，最大限度地减少对城市原有水生态环境的破坏，同时，根据需求适当开挖河湖沟渠、增加水域面积，促进雨水的积存、渗透和净化。

正因为海绵城市是系统性的工程，为规划、建设好海绵城市，需要从下垫面解析、年径流总量控制率统计方法、年径流总量控制率分解方法、年降雨雨型的选取等各个方面开展研究。

3.1 下垫面的解析方法

下垫面分析是海绵城市规划、设计方案编制前的基础分析工作，影响城市不同区域海绵城市的技术手段和空间管控重点的制定。下垫面解析需要通过卫星影像图结合土地调查数据实现，根据不同规划尺度决定不同分解的细致程度。从全市范围的规划着手，建议下垫面分解分为宏观、中观和微观3个层级。各层级的分解方法和示意图具体如下。

1. 宏观下垫面解析

宏观下垫面解析分为两步：第一步，将下垫面解析为城乡已建成用地和未开发建设用地两种类别，了解城市总体建设情况（图3-1、图3-2）；第二步，按照耕地、园地、林地、牧草地、自然水域、坑塘沟渠和其他未建设用地等类型，细化未开发建设用地，识别生态要素，为海绵城市基本生态格局提供支撑（图3-3、图3-4）。

2. 中观下垫面解析

以已建成用地为统计范围，分为建筑与小区、道路、绿化、水系4类进行解析（图3-5、图3-6）。

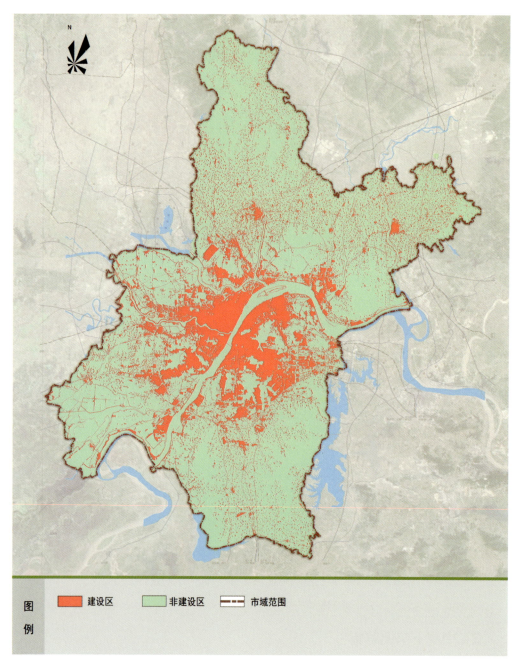

图3-1 市域宏观层面现状下垫面分析图

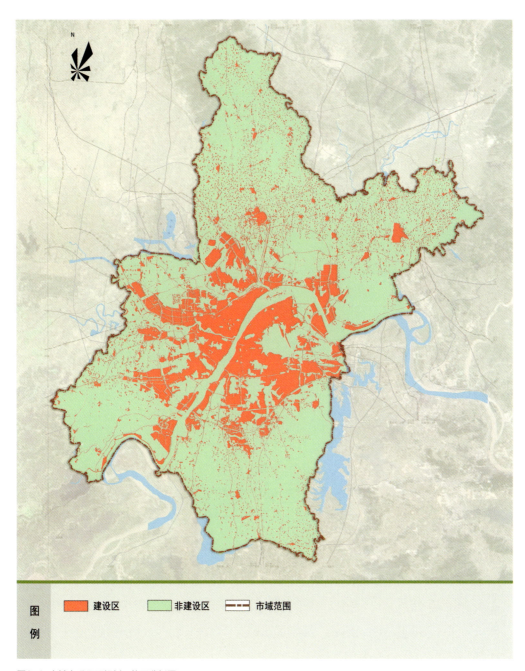

图3-2 市域宏观层面规划下垫面分析图

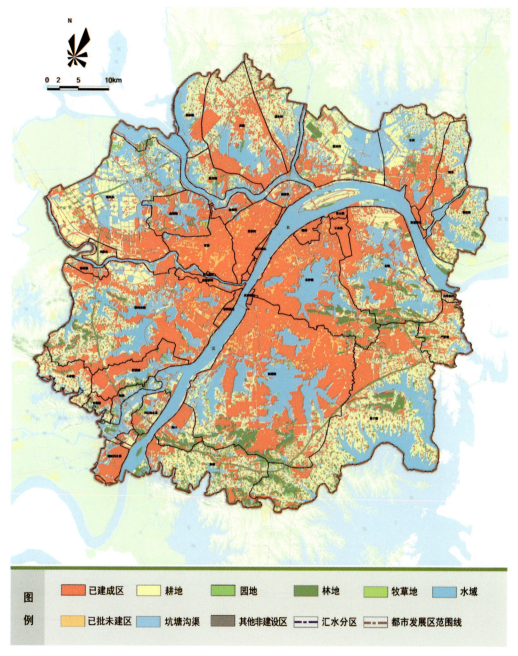

图3-3 都市发展区宏观层面现状下垫面分析图

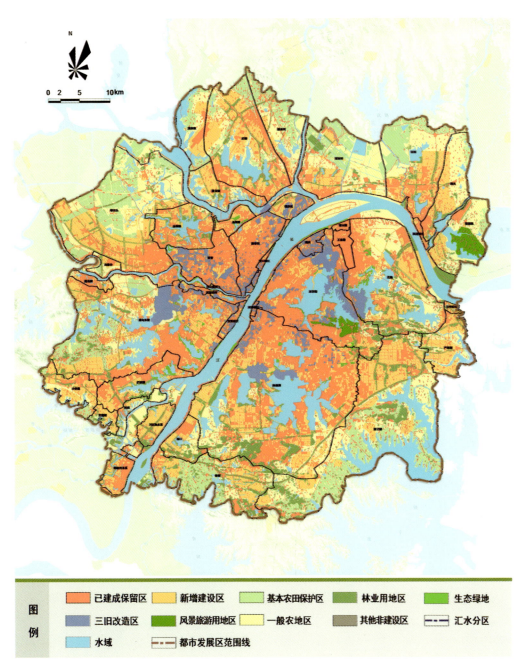

图3-4 都市发展区宏观层面规划下垫面分析图

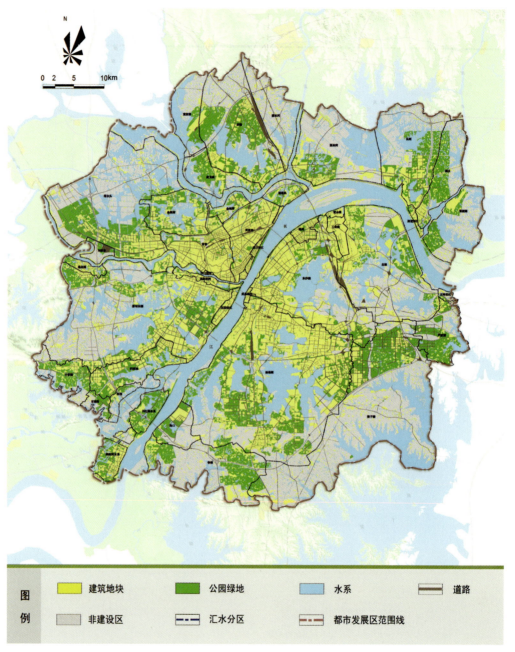

图3-5 都市发展区中观层面现状下垫面分析图

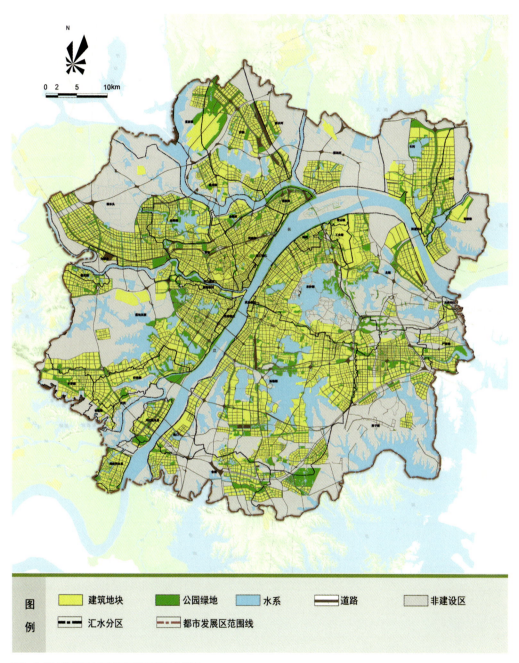

图3-6 都市发展区中观层面规划下垫面分析图

3. 微观下垫面分析

微观下垫面解析主要是区分硬质下垫面和绿化下垫面,对于较大尺度(如市域)的分析的时候,由于难以识别所有地块内部的透水或者硬质下垫面的数据,考虑各类分析方法的可靠性和可获得的难易程度,推荐以中观下垫面和建筑密度为基础,针对建筑与小区地块、城市道路的下垫面进行样本调查,得到每类用地的硬质下垫面和绿化下垫面比例,并推导估算不同汇水区的硬化地面(含屋面)和非硬化地面等微观下垫面的比例(表3-1、表3-2)。

武汉市四新示范区典型项目下垫面特征一览表　　　表3-1

序号	建筑与小区项目	总用地面积(m²)	屋面占比(%)	硬质下垫面占比(%)
1	武汉新区第一学校	20000	0.16	0.47
2	金地澜菲溪岸西区	97300	0.24	0.48
3	江堤中路泵站	3700	0.17	0.50
4	金地澜菲溪岸南2区	67900	0.14	0.51
5	绿地新都会北区	81900	0.23	0.55
6	金地澜菲溪岸东区	51800	0.18	0.56
7	广电兰亭东区	91000	0.13	0.58
8	和昌森林湖小区	60700	0.29	0.59
9	汉欣苑小区	90300	0.31	0.61
10	广电兰亭西区	112700	0.11	0.62

武汉市青山示范区典型项目下垫面特征一览表　　　表3-2

序号	建筑与小区项目	总用地面积(m²)	屋面占比(%)	硬质下垫面占比(%)
1	新沟桥小学	5511	0.20	0.51
2	北洋桥鑫园	23887	0.22	0.54
3	园林街坊	199832	0.29	0.55
4	青和居	55162	0.27	0.58
5	绿景苑	64364	0.23	0.59
6	碧苑花园	18893	0.35	0.62
7	兴达花苑	6892	0.31	0.65
8	北洋桥还建楼	44629	0.32	0.67

续表

序号	建筑与小区项目	总用地面积（m²）	屋面占比（%）	硬质下垫面占比（%）
9	青康居	31629	0.26	0.67
10	青少年宫	9729	0.15	0.68

对于中等尺度（如汇水分区）的分析，可以尝试采用GIS工具，按照诸如道路、屋顶、广场及交通设施、铁路、绿地、水体、堤防、未建区等具体的下垫面类型进行分析。需要注意的是，此时的下垫面分解，不能等同于现状建设用地分类，应将每一类用地中的各类下垫面进行细化，如将道路红线范围内的绿化与硬质铺装进行区分（图3-7）。武汉市开展试点区建设时，对试点范围内下垫面情况进行了分解，具体如图3-8、表3-3所示。

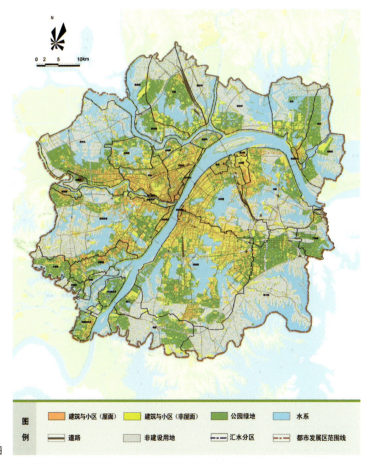

图3-7 微观层面下垫面分析图

注：黄色为建筑与小区，颜色越深表示建筑密度越大

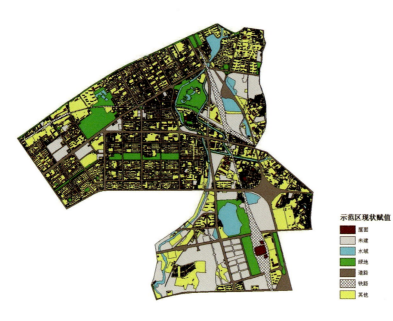

图3-8 武汉市青山示范区现状下垫面解析图

<table>
<tr><td colspan="2" align="center">武汉市青山示范区现状下垫面统计一览表　　表3-3</td></tr>
<tr><td align="center">现状下垫面类别</td><td align="center">面积（公顷）</td></tr>
<tr><td align="center">道路</td><td align="center">342.88</td></tr>
<tr><td align="center">屋顶</td><td align="center">340.30</td></tr>
<tr><td align="center">广场及交通设施</td><td align="center">52.63</td></tr>
<tr><td align="center">铁路</td><td align="center">60.80</td></tr>
<tr><td align="center">绿地</td><td align="center">279.19</td></tr>
<tr><td align="center">水体</td><td align="center">58.49</td></tr>
<tr><td align="center">堤防</td><td align="center">14.89</td></tr>
<tr><td align="center">未建区</td><td align="center">285.06</td></tr>
<tr><td align="center">其他</td><td align="center">802.69</td></tr>
<tr><td align="center">非建设用地</td><td align="center">103.67</td></tr>
</table>

3.2 年径流总量控制率统计方法

雨水年径流总量控制率是海绵城市建设的核心评价指标，指通过自然与人工强化的入渗、滞蓄等方式，控制的降雨径流量与年降雨总量的比值。中小降雨事件发生的频率高，累计降雨量占年均总降雨量的比例大，带来一定的雨水径流冲击和大量的污染负荷。雨水年径流总量控制率指标能体现对大量中小降雨事件的控制水平，对维系生态本底水文特征的原真性，实现海绵城市建设的综合目标具有重要意义[1]。

城市年径流总量控制率对应的设计降雨量值的确定，是通过统计学方法获得的。年径流总量控制率与设计降雨量之间的关系统计分析应选取至少近30年（反映长期的降雨规律和近年气候的变化）日降雨（不包括降雪）资料，扣除小于等于2mm的降雨事件的降雨量，将降雨量日值按雨量由小到大进行排序，统计小于某一降雨量的降雨总量（小于该降雨量的按真实雨量计算出降雨总量，大于该降雨量的按该降雨量计算出降雨总量，两者累计总和）在总降雨量中的比率，此比率（即年径流总量控制率）对应的降雨量（日值）即为设计降雨量。

如：对某城市近30年降雨资料进行排序，扣除2mm降雨后，30年降雨总量$V_总$，降雨场次$N_总$，日降雨量5mm对应的年径流总量控制率α_5的统计方法为：

$$\alpha_5 = \frac{V_5 + 5 \times (N_总 - V_5)}{V_总}$$

式中，V_5为日降雨量在2~5mm（含5mm）内的累积降雨量；

N_5为日降雨量在2~5mm（含5mm）内的累积降雨场次。

---

[1] 海绵城市建设评价标准：GB/T 51345-2018 [S]. 北京：中国建筑工业出版社，2018.

同样的方法，可以统计其他不同强度日降雨下的年径流总量控制率，并分析出系列雨水年径流总量控制率α与口（场）降雨深度H的关系曲线。

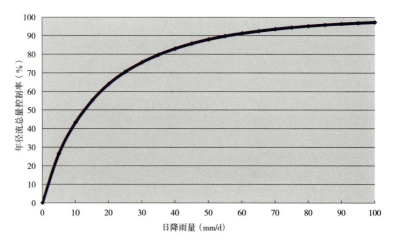

图3-9 日降雨量与年径流总量控制率关系图

年径流总量控制率与设计降雨量对应一览表　　　　表3-4

年径流总量控制率（%）	55	60	65	70	75	80	85
设计降雨量（mm）	14.9	17.6	20.8	24.5	29.2	35.2	43.3

对于单个项目年径流总量控制率的分析，可以根据项目的年均降雨径流系数确定，即：雨水年径流总量控制率=1−年均径流系数。

由于雨水年径流总量控制率是按照降雨强度从小到大的顺序进行统计，因此，当年径流总量控制率达到一定强度的时候，首先控制的是高频率的中小降雨径流。以武汉市降雨为例，其日降雨量与累积降雨次数（频率）关系如图3-10所示。

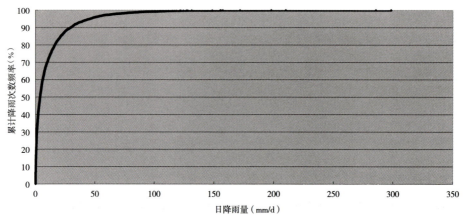

图3-10 日降雨量与累计降雨次数频率关系图

3.3 年径流总量控制率分解方法

从需求上看,武汉市大小湖泊166个,水域面积占全市国土面积的25%。根据《武汉市水资源公报》,2014年武汉市一级水功能区水质达标率仅为33.8%,水环境状况不容乐观。尽管近年武汉市采取了一系列沿湖截污的措施,并修建了一定数量的初期雨水调蓄池应对面源污染问题,湖泊污染有所缓解,但海绵设施的广泛性显然为面源污染治理提供了更好的途径。所以武汉市在《导则》中明确提出"武汉市海绵城市规划、设计应综合考虑地区排水防涝、水污染防治和雨水利用的需求,并以内涝防治与面源污染削减为主、雨水资源化利用为辅。"

1. 分解方法

(1) 影响要素分析

根据海绵城市建设目标,武汉市海绵城市应该是多目标的雨水系统构建,主要涉及内涝防治和面源污染控制。同时,地块用地性质和后期改造难度也会影响年径流总量控制目标的确定。经筛选,最后确定以受纳水体水质、改造难度、内涝风险等级和用地性质等因素作为年径流总量目标确定的影响因素。

(2) 分解原则

均衡化原则:海绵城市的建设应当尽量通过低影响设施的全面展开实现,能通过低影响开发设施实现的目标应当尽量避免建设大规模的管渠、调蓄工程设施。此外,考虑到面源污染控制的需求，年径流总量控制目标应该尽量均衡，相邻地块不宜差别过大，保证面源污染可以有效削减。

差异性原则：不同地方内涝防治和面源污染控制的需求不同，年径流总量控制目标应有所不同。一般内涝压力大、面源污染严重或水质敏感区，年径流总量控制目标应提高，反之应降低。

经济性原则：年径流总量控制目标应在一个合适的范围内，不应过高或过低。指标制定的过高，后期建设投资巨大，且难以达标；指标制定的过低，不能起到径流控制的目的，不利于城市可持续发展。

易实现原则：从规划角度看，影响年径流总量控制目标实现的主要因素由地块本身的建设阶段和用地性质决定。对于建设阶段来说，已经完全按照规划形成的地块改造起来难度较大；完全尚未建设的地块，可以在下一步建设同步进行海绵设施建设，难度较小。而地块用地性质也可以在一定程度上决定地块建设完成后的下垫面情况和改造难易情况。例如，一般而言，公共管理类用地的下垫面绿化情况会优于商业类用地，由于政府的主导性较强，建成的公共管理类用地进行海绵改造的难度相对于商业类用地难度也较小。

（3）分解方法

武汉市年径流总量控制目标分为分区目标、街区目标和宗地目标这三级。分区目标为年径流总量控制率的基准目标，街区目标和宗地目标分别结合街区和宗地特点，对分区基准值进行微调。但指标在分解过程中，下一级目标的加权平均应满足上一级目标的要求[1]。

① 分区目标

分区目标一般以排水系统为一个分区，确定分区年径流总量控制目标主要考虑受纳水体环境保护的要求，基本思路是通过海绵城市建设来削减径流污染，使排入受纳水体的特征污染物浓度小于受纳水体的环境容量或水质目标要求，这样径流污染对水质的影响便可忽略。

将需评定的排水分区的规划用地分为绿地、水体、建筑与小区、道路4个大类。为便于计算，独立的绿地和水系年径流总量控制率统一按85%确定。由此可计算道路、建筑与小区取不同的年径流系数，对应的全年外排污染物平均浓度。将该浓度与受纳水体的限值

---

[1] 姜勇. 武汉市海绵城市规划设计导则编制技术难点探讨[J]. 城市规划, 2016（3）：103-107.

进行对比，若外排浓度大于该限值，则不满足要求，若外排浓度小于该限值，则满足要求。

综合考虑《指南》和水环境污染负荷要求，取相对严格者为控制目标。

② 街区控制目标

街区年径流总量控制目标应以所属排水系统道路及开发地块的指标为基准，综合该街区海绵设施建设或改造难度、内涝风险等因素确定调整值，具体调整值可参考表3-5。独立的绿地和水体（其中水体指港渠和面积较小的湖泊）年径流总量控制率统一按85%确定。

街区年径流总量控制率调整值　　　　表3-5

指标调整量＼内涝风险等级　已建保留用地占比	低风险	中风险	高风险
≥60%	−10%	−5%	0
30%～60%	−5%	0	+5%
≤30%	0	+5%	+10%

③ 宗地控制目标

宗地年径流总量控制目标应以所在街区控制目标为基准，考虑项目用地性质、建设阶段等因素确定调整值，具体调整值可参考表3-6。独立的绿地和水体（其中水体指港渠和面积较小的湖泊），年径流总量控制率统一按85%确定。

宗地年径流总量控制率调整值　　　　表3-6

目标调整值＼用地性质　建设阶段	居住	工业	公共管理公共服务	商业服务	公用设施	物流仓储	交通设施
已建保留	−5%	−5%	−5%	−5%	−5%	−5%	−5%
在建	−5%	−5%	0	−5%	−5%	0	−5%
已批未建	0	0	0	−5%	−5%	0	0
已建拟更新	+5%	+5%	+5%	0	0	+5%	0
未批未建	+5%	+5%	+5%	0	0	+5%	+5%

④ 分级校核

分区对年径流总量控制率总目标进行校核，确定总目标满足要求。如果总目标不满足要求，则需对街区指标作出调整，直至总目标满足要求。

以问题为导向的年径流总量控制率分解技术路线如图3-11所示。

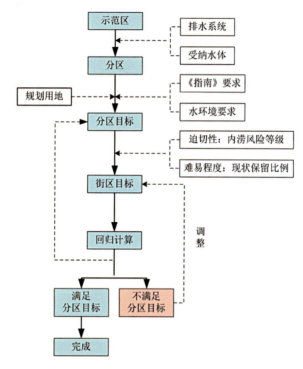

图3-11 年径流总量控制率分解技术路线图

2．示范区应用

以武汉海绵城市建设某地块为例，介绍年径流总量控制目标分解方法。该区域属于位于长江南岸，面积23km²。武汉市年径流控制率对应的日（次）降雨量如表3-7所示。

年径流总量控制率与设计降雨量对应关系　　　　表3-7

年径流总量控制率（%）	55	60	65	70	75	80	85
设计降雨量（mm）	14.9	17.6	20.8	24.5	29.2	35.2	43.3

（1）分区控制目标

① 受纳水体及水质管理目标

根据直接受纳水体不同，该区域分为港西系统和东湖汇水区。其中港西系统汇水面积9km²，直接受纳水体为长江；东湖汇水区面积14km²，直接受纳水体为东湖。通过分析东湖近年污染物特征，发现在各类污染物中，TP超标最为严重，故选取TP作为特征污染物进行分析。长江在该区段的水质管理目标为江河地表水Ⅲ类，根据《地表水环境质量标准》GB 3838—2002[①]，江河地表水Ⅲ类的TP限值为0.2mg/L，通过东湖水环境容量计算可确定东湖TP排放限值为0.07mg/L。

② 规划用地性质分析

以港西系统为例，该排水系统面积900hm²，将该系统内规划用地分为绿地、水体、建筑与小区、道路4个大类，各大类用地面积及比例如表3-8所示。

规划用地情况　　　　　　　　　表3-8

	面积（hm²）	百分比（%）
绿地	98.3	10.92
水体	0	0.00
建筑与小区	619.5	68.83
道路	182.2	20.25
总计	900.0	100.00

③ 水环境要求分析

根据相关研究，武汉建成区次降水量与地表径流TP污染负荷模数关系式如下式所示[②]。

$$M_{TP}=0.273H-0.0445$$

式中，M_{TP}表示地表径流TP污染负荷模数，单位为kg/km²·次降水。

根据该公式，采用不同雨量段内雨量平均分配的方式，可得出某雨量段的地表TP负荷量，如表3-9所示。

[①] 地表水环境质量标准：GB 3838—2002［S］．2002．
[②] 沙茜．龙阳湖地区磷污染来源分析及控制对策研究［D］．武汉：华中科技大学，2004：44．

不同雨量段对应径流TP负荷量　　　　　表3-9

日雨量段（mm）	年均日数（次）	年均雨量（mm）	日（次）均雨量（mm）	面源TP（kg/km²）
2~10	39.7	196.4	4.9	—
10~14.9	9.79	119.71	12.2	32.2
14.9~17.6	4.27	69.34	16.2	18.7
17.6~20.8	3.5	68.4	19.5	18.5
20.8~24.5	3.5	78.4	22.4	21.2
24.5~29.2	2.8	73.3	26.6	20.2
29.2~35.2	3	96.9	32	26.1
35.2~43.3	2.4	94.8	39.1	25.5
≥43.3	6.8	490.6	72.3	133.9
合计	75.8	1287.85		296.46

进一步，可以得到不同年径流总量控制率下，产生的径流TP负荷量，如表3-10所示。

不同降雨强度对应径流TP负荷量　　　　　表3-10

年径流总量控制率（%）	设计控制雨量（mm）	面源TP（kg/km²）	
		削减量	外排量
55	14.9	199.74	96.72
60	17.6	214.76	81.70
65	20.8	230.60	65.86
70	24.5	247.56	48.90
75	29.2	266.94	29.52
80	35.2	272.71	23.75
85	43.3	278.55	17.90

绿地及水体年径流总量控制率取85%，则道路、建筑与小区的年径流总量控制率与全年外排TP平均浓度的对应关系如表3-11所示。

年径流总量控制率与TP排放浓度对应表　　　　表3-11

道路、建筑与小区 年径流总量控制率（%）	建筑与小区 年径流系数	绿地 年径流系数	年径流总量控制率 （%）	全年外排TP平均浓度 （mg/L）
100	0	0.15	98.4	0.000
85	0.15	0.15	85.0	0.083
80	0.2	0.15	80.5	0.085
75	0.25	0.15	76.1	0.085
70	0.3	0.15	71.6	0.119
65	0.35	0.15	67.2	0.139
60	0.4	0.15	62.7	0.152
55	0.45	0.15	58.3	0.160
0	1	0.15	9.3	0.226

通过表3-11可知，即使该排水系统中道路、建筑与小区年径流总量控制率为70%的时候（对应该系统总体年径流总量控制率为71.6%），全年外排TP平均浓度仅为0.119mg/L，小于长江地表水Ⅲ类的TP限值为0.2mg/L。而《指南》对武汉市年径流总量控制率要求为70%~85%，综合考虑，港西系统道路、建筑与小区分区基准年径流总量控制率取70%。

同样的方法，可以计算东湖汇水区道路、建筑与小区分区基准年径流总量控制率为75%。

④ 分区目标

区域内各大类用地基准年径流总量控制率如表3-12所示。

各类用地基准年径流总量控制率　　　　表3-12

	港西系统分区 基准年径流总量控制率（%）	东湖汇水区分区 基准年径流总量控制率（%）
绿地	85	85
水体	—	85
建筑与小区	70	75
道路	70	75
综合	71.6	78.3

（2）街区控制目标

在确定分区基准年径流总量控制目标的基础上，综合考虑建设或改造难度、内涝风险等级等因素，确定街区控制目标。将区域内所有宗地按照建设阶段分为已建保留、在建、已批未建、已建拟更新和未批未建5个阶段（图3-12）。建设或改造难度可以通过已建保留区占比体现，已建保留区占比越大，海绵改造越困难，反之越简单。内涝风险等级主要分为高风险、中风险和低风险3个等级（图3-13），具体划分方法是采用模型，50年设计

图3-12 地块建设阶段

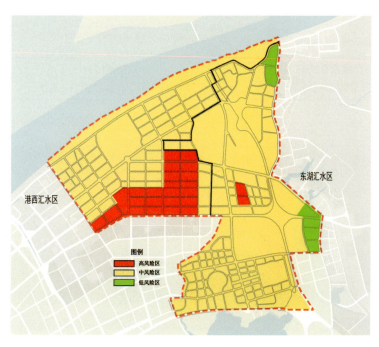

图3-13 地块内涝风险等级

暴雨下积水深度小于40cm的为低风险区，20年设计暴雨下积水深度小于40cm的为一般风险区，10年一遇设计暴雨下积水深度大于40cm的为高风险区。

依据街区年径流总量控制率调整值一览表，结合区域建设阶段和内涝风险等级，可确定区域内各街区目标（如图3-14）。

（3）宗地控制目标

在确定街区年径流总量控制目标的基础上，综合考虑项目用地性质、建设阶段等因素，确定宗地控制目标。如某一宗地所在街区控制目标为75%，宗地用地性质为居住用地，宗地建设阶段属于已建保留地块，依据《导则》，调整值为-5%，确定该宗地最终目标为75%-5%=70%。

（4）目标回归

该排水系统内一共83个街区，确定各街区目标后，进行回归计算，核算值为72.4%，优于原确定的71.6%的目标，因此满足要求。确定街区内各宗地目标后，同样需要对宗地目标进行回归计算，确保满足街区目标要求。

图3-14 街区年径流总量控制率分配图

3.4 年降雨雨型的选取方法

目前,关于年降雨雨型的研究在国内尚未全面开展并达成共识,但在推进海绵城市相关数据的模型模拟时又需要有全年的降雨资料,为解决该问题,采取典型年实际降雨过程作为设计的年降雨雨型,并作为当前阶段相关模型计算的基础数据。典型年实际降雨过程的筛选,可借鉴一般雨型分析方法,采用距平距的方式进行。

如,武汉市多年平均降雨量1250mm,对该市1980~2012年各年逐日降雨资料进行分析,筛选出年降雨量在1150~1350mm之间的年份为备选年份,共9个年份。在这9个年份中,分别对年降雨量距平距、年2mm以上的降雨日数距平距、月降雨量累计距平距3因子进行加权,每个单项的最大距平均放大到1000作为加权因子值,并按其放大倍数计算其他距平距的加权因子值,得到3因子综合加权因子值。综合距综合加权因子值最小的年份为推荐典型年,并将典型年实际降雨过程作为年降雨雨型(表3-13)。经计算,1996年降雨为综合加权因子值最小的年份,选取其作为武汉市年降雨雨型的代表年份,其年降雨的逐日过程见表3-14。

备选年降雨距平距加权因子比较一览表　　　　表3-13

年份(年)	年降雨量距平距(mm)	年2mm以上降雨日数距平距(天)	月降雨量累计距平距(mm)	综合加权因子值
1981	163.9	5	572.2	2083
1984	108.9	3	693.4	1672
1988	14.4	10	981.1	2089

续表

年份（年）	年降雨量距平距（mm）	年2mm以上降雨日数距平距（天）	月降雨量累计距平距（mm）	综合加权因子值
1995	21.6	8	543.7	1486
1996	1.6	1	550.9	672
2000	138.1	0	738.2	1595
2008	51.1	0	719.4	1045
2009	159.9	6	607	2195
2010	20	6	475.7	1207

典型年（1996年）逐日降雨量一览表　　表3-14

日期	日降雨量(mm)	日期	日降雨量(mm)	日期	日降雨量(mm)	日期	日降雨量(mm)	日期	日降雨量(mm)	日期	日降雨量(mm)
1月		3月		5月		7月		9月		11月	
1	0	1	0	1	0	1	0.2	1	0	1	5.5
2	0	2	0	2	0.2	2	29.2	2	0	2	0
3	0	3	0	3	30.2	3	2.7	3	0	3	1.1
4	0	4	0	4	0	4	0.7	4	0	4	0.9
5	0	5	0	5	0	5	13.6	5	0	5	3.6
6	0	6	0	6	4.9	6	0	6	22.5	6	20.9
7	7.5	7	0	7	0.5	7	0	7	3.2	7	6.3
8	0	8	1.6	8	0	8	1.1	8	0.2	8	22.9
9	0	9	5	9	0	9	20.3	9	0	9	0
10	0	10	0	10	1.1	10	0	10	0	10	0.4
11	4.6	11	0	11	0	11	0	11	1.4	11	0.1
12	8.2	12	0	12	0	12	0	12	0	12	6
13	1.4	13	0	13	0.3	13	0	13	0	13	0
14	15	14	14.6	14	14.5	14	116.6	14	0	14	0
15	7.4	15	0.1	15	53	15	2.3	15	4.4	15	0
16	0	16	29.4	16	0	16	66.3	16	0	16	0.1
17	10.6	17	3.4	17	0	17	18.3	17	0	17	0.8
18	0.5	18	1.2	18	0.9	18	16.8	18	0	18	0
19	0	19	5.5	19	0.1	19	0	19	1	19	0

续表

日期	日降雨量(mm)	日期	日降雨量(mm)	日期	日降雨量(mm)	日期	日降雨量(mm)	日期	日降雨量(mm)	日期	日降雨量(mm)
20	0	20	0	20	0	20	16.9	20	7.5	20	0
21	0	21	0.1	21	0	21	0.2	21	0.5	21	0
22	0	22	0.3	22	0	22	0	22	0	22	0
23	0	23	6.7	23	0	23	0	23	0	23	0.4
24	2	24	19.6	24	1.6	24	0	24	0	24	0
25	0.8	25	1.5	25	0	25	0	25	0	25	1
26	0	26	27.5	26	0	26	0	26	0	26	0.9
27	0	27	4.5	27	2.3	27	0	27	0	27	0
28	0	28	20.4	28	0.9	28	0	28	0	28	11.6
29	0	29	9.9	29	0	29	0	29	0	29	0.4
30	0	30	0	30	0	30	0	30	0	30	0
31	0	31	3.1	31	3.8	31	0				
2月		4月		6月		8月		10月		12月	
1	0	1	3.1	1	1.7	1	0	1	0.1	1	0
2	0	2	0	2	7.4	2	14.5	2	0	2	0
3	0	3	0	3	87.8	3	21.9	3	0	3	0.9
4	0	4	0	4	46.3	4	1.2	4	0	4	1.1
5	0	5	0	5	15.8	5	0	5	0	5	0
6	0	6	0	6	0.5	6	0	6	50	6	0
7	0	7	0	7	0	7	1.6	7	32.5	7	0
8	4.8	8	0.2	8	10.7	8	0	8	3.5	8	0
9	0	9	7.6	9	8.6	9	0	9	0.1	9	0
10	0	10	0.1	10	3.5	10	0	10	0	10	0
11	0	11	0	11	0.1	11	0	11	0	11	0
12	0	12	4.5	12	0	12	0	12	0	12	0
13	0	13	0.1	13	0	13	0	13	0	13	0
14	0	14	0	14	0	14	0	14	0	14	0
15	0	15	0	15	0	15	0	15	0	15	0
16	2.4	16	0	16	0	16	0	16	0	16	0.1
17	5.4	17	0.8	17	5.2	17	0	17	1.4	17	0

续表

日期	日降雨量(mm)	日期	日降雨量(mm)	日期	日降雨量(mm)	日期	日降雨量(mm)	日期	日降雨量(mm)	日期	日降雨量(mm)
18	0	18	5.2	18	0	18	4.2	18	0	18	0
19	0	19	0.5	19	8.8	19	0	19	0	19	0
20	0	20	0	20	0.5	20	1	20	0	20	0
21	0	21	0	21	0	21	0	21	0	21	0
22	3.2	22	0	22	0	22	0	22	0	22	0
23	0	23	0	23	9.4	23	46.7	23	0	23	0
24	0	24	0	24	64.3	24	1.4	24	0	24	0
25	0	25	0.2	25	4.6	25	0	25	0	25	0
26	0	26	0	26	0.1	26	0	26	0	26	0
27	0	27	0.1	27	14	27	1.1	27	0	27	0
28	0	28	13.5	28	0	28	1.8	28	0	28	0
29	0	29	0	29	22.8	29	14.5	29	0	29	0
		30	0	30	0	30	0	30	0.6	30	0
						31	0	31	0	31	0

3.5 内涝风险评估方法

内涝风险等级是海绵城市评估的重要内容，不同的内涝风险等级应采用不同的海绵措施。内涝风险水平划分为内涝高风险区、一般风险区和低风险区3个级别。一般有两种评估方式，即模型评估法和参照模型评估结论的人工模糊评估法。

1. 数学模型评估法

模型评估法是集合城市地面高程信息（DEM）、排水管渠及相关闸站设施信息、降雨信息用以反映不同降雨条件下规划区的积水点分布和各积水点积水深度的综合评估。

其评价标准为：50年设计暴雨下积水深度小于40cm的为低风险区，20年设计暴雨下积水深度小于40cm的为一般风险区，10年一遇设计暴雨下积水深度大于40cm的为高风险区。

2. 模糊评估法

拟将每个地段的排水地形条件作为基本因子，并包含本区段排水能力、系统排水能力、地段重要性等影响因子，综合分析评价区域内涝风险水平，具体评价标准如表3-15所示。

内涝风险区评价标准一览表　　　表3-15

评价场景序号	基本因子 排水地形条件	影响因子 本区段排水能力	系统排水能力	地段重要性	内涝风险水平
1	有利地段	√ ×	√ ×	√ ×	低
2	不利地段	√	√	×	低
3	不利地段	√	√	√	一般
4	不利地段	×	√	×	一般
5	不利地段	√	×	×	一般
6	不利地段	×	√	√	高
7	不利地段	√	×	√	高
8	不利地段	×	×	√	高
9	不利地段	×	×	×	高
10	一般地段	√	√	×	低
11	一般地段	√	√	√	低
12	一般地段	×	√	×	低
13	一般地段	√	×	×	低
14	一般地段	×	√	√	一般
15	一般地段	√	×	√	一般
16	一般地段	×	×	√	高
17	一般地段	×	×	×	高

3. 内涝风险评估结果

根据模型结果和模糊评估结果，绘制武汉市中心城区内涝风险区分布图如图3-15所示。[1]

---

[1] 武汉市水务局，武汉市规划研究院. 武汉市中心城区排水防涝专项规划[R]. 2012.

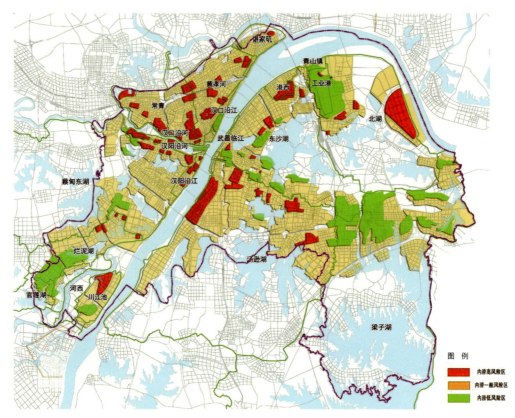

图3-15 武汉市中心城区内涝风险分区图

3.6 海绵城市建设分区方法

建设分区的主要目的是在分析研究城市每个片区面临的水问题基础上，对所有建设分区进行分类，确定各自海绵城市建设路径、控制指标和建设指引，形成全市海绵城市建设分区图，作为全市海绵城市建设和规划管理的重要依据。为便于分析不同建设区域的特点，精确识别问题，提高对综合性措施进行分区统筹的可靠性，需要对较大的规划范围进行细分。

一般海绵城市建设分区应秉承以下原则开展：问题相对单一，措施有针对性；面积大小合适，便于规划管控；责任划分清晰，利于建设推进；排水出口单一，便于绩效考核。

武汉市海绵城市建设分区划分的核心在于对排水系统的逐层细化分解，具体分为3个层级，第一层级以出江口进行划分，重点在外洪内涝的协调和系统防涝能力构建；第二层级考虑受纳水体，重点在排水方式和调度管理的协调；第三层级考虑片区建设特征、排水体制、水问题特点和行政管理，重点在建设管理协调。具体操作分为4个步骤，分别为水系汇水区划定、一级干管及渠道汇水区（含单个湖泊汇水区）划定、主要干管汇水区划定、结合最小街区单位优化建设分区。具体划分技术路线如图3-16所示。

（1）一级流域分区的划定

一级流域分区划定，主要根据城市地形地貌和水系结构划定，其出口直接排至外江，汇流区域相对独立。根据武汉市地形、地势和汇水特征，梳理出以长江、汉江为核

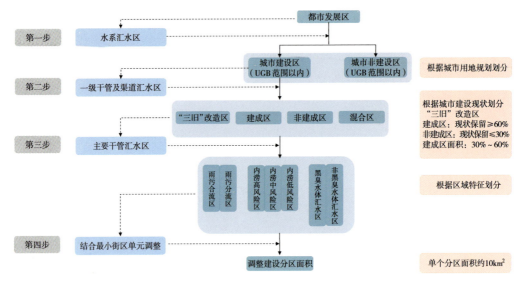

图3-16 海绵城市建设分区划定技术路线图

心,东荆河、金水、蚂蚁河、通顺河、府河、滠水、倒水、举水这8条河流汇集的"两江交汇,八水入江"的水系结构,以出江排口为原点上溯,划定全市31个一级流域汇水区(图3-17)。

(2)二级排水分区的划定

在全一级汇水区的基础上,按照"自然地势汇水、受纳水体单一"的原则,构建由"独立水系、单个水体"组成的二级汇水分区,全市共划定116个二级汇水分区(图3-18)。

(3)三级建设分区的划定

建设分区划分以汇水关系为主线,叠加宏观下垫面类别、建设用地特征、水问题特点、行政区划特点等要素,按照有利于问题识别、有利于措施遴选、有利于过程管理与考核的要求,体现建设用地与非建设用地的差异,强化老城和新区、新建小区和老旧社区的差异,最终划定三级建设分区。

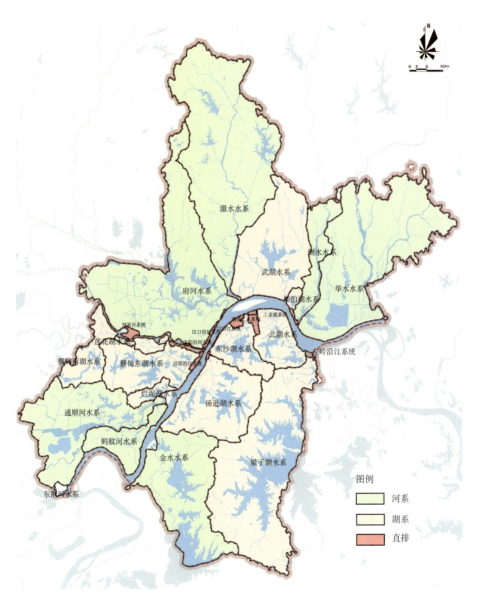

图3-17 武汉市一级流域汇水区示意图

三级建设分区划定时,各类要素的分析重点如下。

① 汇水分区

海绵城市主要是解决城市发展中的水问题,排水体制中的汇水分区是海绵城市建设分区的基本影响要素。就武汉市而言,进行海绵城市建设的目的,一是解决各汇水分区的内涝问题,二是改善、保护各汇水分区受纳水体的水质问题。这些都应该是以排水分区为单位逐步解决。

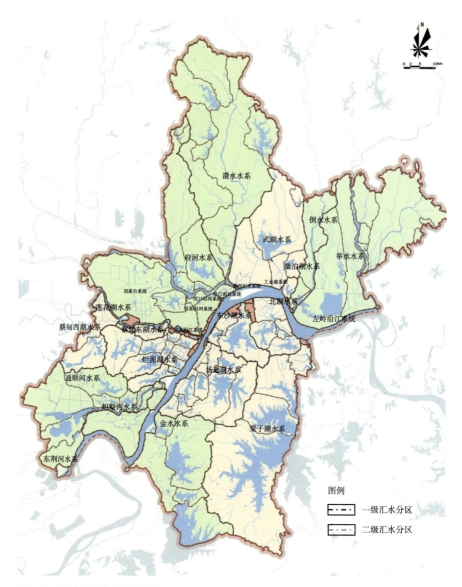

图3-18 武汉市二级排水分区示意图

② 城市用地规划状况

武汉市已经划定了1：2000基本生态控制线，确定了城市建设区的范围，即UGB范围。对海绵城市建设而言，城市建设区的海绵城市建设以规划管控为主，城市非建设区的海绵城市建设以规划保护为主。

③ 城市建设现状

城市建设现状大致分为3类：建成区域、新建区域、混合区域。城市建设现状可以说在一定程度上反映了海绵城市建设难度，一般来说，已经建成区域的比例越大，建设难度越大。

④ 排水体制

排水体制指的是采用雨污合流的排水体制还是雨污分流的排水体制。采用雨污合流的排水体制会在下游建截污管道，截污管道对污染最为严重的小型降雨起到一定的截流作用，基于面源污染控制的年径流总量控制率指标可适当减小。

⑤ 内涝风险等级

解决内涝问题是海绵城市建设主要目标之一，为使海绵城市建设更有针对性，需要结合城市排水防涝体系划定城市内涝风险等级，不同内涝风险等级海绵城市建设侧重点应有所不同。

⑥ 受纳水体水环境质量

解决水环境及黑臭水体问题是海绵城市建设的另一目标。武汉市水资源充沛，湖泊港渠众多，必须考虑通过海绵城市建设缓解水质污染状况，改善水环境质量。

⑦ 面积大小

海绵城市建设分区面积不宜过大，过大措施没有针对性；面积亦不宜过小，过小难以保证系统性。参考控制性详细规划编制单元大小，中心城区单个建设分区面积10平方公里左右，远城区至少确定至单个排水系统（图3-19）。

图3-19 二级与三级海绵城市建设分区关系示意图

3.7 模型应用方法

近年来，数学模型在城市防涝规划及海绵城市规划建设中的应用越来越广泛。由于海绵城市建设，需要统筹低影响开发雨水系统、城市雨水管渠系统及超标雨水径流排放系统。其中，低影响开发雨水系统通过对雨水的渗透、储存、转输与截污净化等功能，有效控制径流总量、径流峰值和径流污染；城市雨水管渠系统与低影响开发雨水系统共同组织径流雨水的收集、转输与排放；超标雨水径流排放系统，一般通过综合选择自然水体、多功能调蓄水体、行泄通道、调蓄池、深层隧道等自然途径或人工设施构建来应对超过雨水管渠系统设计标准的雨水径流[1]。可以说，如果想实现海绵城市低影响开发雨水系统、城市雨水管渠系统及超标雨水径流排放系统这三大系统的定量统筹，以及径流总量控制、径流峰值控制和径流污染控制之间的精细化分析，技术人员只能通过模型来实现。此外，在实际规划、设计和管理决策中，应用数学模型、依靠模型的仿真模拟，可以辅助实现城市防涝规划和海绵城市规划的量化分析，从而支撑规划设计方案的优化。

1. 模型种类

目前，数学模型在海绵城市规划中主要应用于排水防涝系统系统能力评估与优化、年径流总量控制率等指标控制、海绵城市规划设计方案评估与优化、自然水文本底评估

---

[1] 王雪松，班超，吴雅文，等. 不同尺度海绵措施下雨洪控制效果研究［J］. 水电能源科学，2019（9）.

等多个方面。国内外常用的海绵城市规划设计软件主要有SWMM模型、MIKE URBAN模型、Infoworks ICM模型、XPDrainage模型等。

（1）SWMM模型

SWMM模型主要用于模拟城市化地区单次或连续降雨事件的降雨径流，可以模拟城市中水质和水量的变化。模型的模拟计算过程可分为地表产流、地表汇流以及排水管道流量演算3部分，用于排水管网系统的设计分析，并进行全面的仿真模拟。SWMM模型由5个子模块组成，其中1个子模块为处理模块，其余4个子模块分别为径流模块、输送模块、扩充输送模块和储存/处理模块，它们可以分别实现对城市排水系统中地表坡面径流、排水管网系统输送和污染物质处理单元的仿真模拟[1]。

SWMM模型中的LID模块包含的低影响开发措施有以下8种：雨水收集桶（Rain Barrel）、生物滞留池（Bio-Retention Cell）、植被浅沟（Vegetative Swale）、雨水花园（Rain Garden）、绿色屋顶（Green Roof）、渗渠（Infiltration Trench）、透水铺装（Permeable Pavement）、屋顶截留装置（Rooftop Disconnection）[2]。SWMM模型低影响开发模块示意图见图3-20。

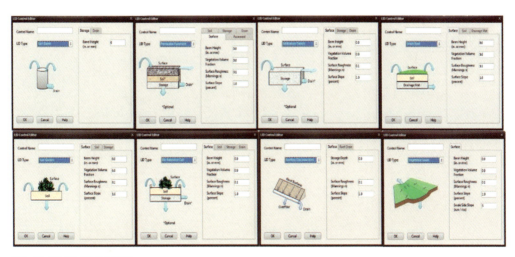

图3-20 SWMM模型LID模块

---

[1] 栾慕，袁文秀，刘俊，等. 基于SWMM-MIKE11耦合模型的桐庐县内涝风险评估[J]. 水资源保护，2016，32（2）：57-61.
[2] RAWLS W J, BRAKENSIEK D L, MILLER N. Green-Ampt Infiltration Parameters from Soils Data[J]. Journal of Hydraulic Engineering, 1983, 109（1）：62-70.

通过模拟土壤下渗、水体及植物蒸散发、植被对雨水的截留和滞蓄作用等主要水文过程，结合模型中所嵌入的水力计算模块，模拟LID措施对所布设区域的径流总量、峰值流量及峰现时间的控制效果[①]。

（2）MIKE URBAN 模型

MIKE URBAN是由丹麦DHI公司研制的城市水综合管理的管网模拟软件。Mike URBAN径流模块中提供了4种不同的表面径流模型：时间-面积曲线模型、非线形水库水文过程线、线形水库模型和单位水文过程线模型。MIKE URBAN WD为给水系统，MIKE URBAN CS为排水系统[②]。

MIKE URBAN CS排水系统主要模块包括：MIKE URBAN MM平台模块、MIKE URBAN管流模块、MIKE URBAN降雨径流模块、MIKE URBAN控制模块、MIKE URBAN污染物传输模块、MIKE URBAN生物过程模块、MIKE View模块和DIMS模块。

MIKE URBAN构建示意图见图3-21。

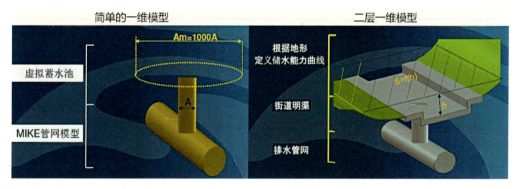

图3-21 MIKE URBAN构建示意图

（3）InfoWorks-ICM 模型

InfoWorks-ICM软件采用分布式模型模拟降雨-径流，基于详细的子集水区空间划分和不同产流特性的表面组成进行径流计算，根据地形、土地用途、表面产流特征等要

---

① 张杰. 基于GIS及SWMM的郑州市暴雨内涝研究［D］. 郑州：郑州大学，2012.
② 衣秀勇. DHI MIKE FLOOD洪水模拟技术应用与研究［M］. 北京：中国水利水电出版社，2014.

素将其分为子集水区，每个子集水区都进有一系列相应的参数进行定义和表征[1]。主要计算单元包括：初期损失、径流体积模型-产流计算、汇流模型。产流计算可供选择的模型如：固定比例径流模型、Wallingford固定径流模型、美国SCS模型、Green-Ampt渗透模型、Horton渗透模型、固定渗透模型等；汇流计算可供选择的模型有双线性水库（Wallingford）模型、大型贡献面积径流模型、SPRINT径流模型、Desbordes径流模型等[2]。

（4）XPDrainage 模型

XPDrainage是专门针对地块海绵模型的设计辅助类软件，可以进行管网和海绵的辅助设计，同时对规划设计方案进行评估，并对改造前后的方案进行比选，检验各种设计标准，如是否满足年径流总量控制率的要求等。XPDrainage软件内嵌了多种雨洪控制设施，涵盖常用的多种海绵设施，如雨水花园、生物滞留池、绿色屋顶、透水铺装等。

本书主要介绍MIKE URBAN模型在武汉排水防涝方案的评估与优化中的应用，以及XPDrainage模型在海绵城市规划设计方案评估与优化方面的应用。

2．模型在排水防涝规划方案编制中的应用——以汉口地区排水模型搭建为例

（1）模型构建的基本框架

通过数学模型的设置和概化，反映降雨、下垫面、地形、雨水口、管渠、泵站、湖泊等影响，同时结合建设用地情况、地形误差进行适当修正，通过历年典型暴雨下渍水点的分布进行率定，最终形成排水防涝模型。

（2）数据收集与处理

① 数据收集

管网模型构建需要的资料包括管径、管道上下游管底高程、排水方向、检查井井底

---

[1] 程小文，凌云飞，李丹，等．InfoWorks ICM模型在合流制溢流调蓄池设计中的应用研究［J］．给水排水，2019（S1）．
[2] 马旭．基于Infoworks ICM模型的典型城市内涝模拟及海绵减控效果研究［D］．西安：西安理工大学，2019．

高程、检查井和管道的拓扑关系、管道汇水范围、泵站前池规模和高程、与管道连接泵站的规模和起排水位、降雨数据、地形数据、下垫面数据等。河道模型需要对河网位置、断面尺寸、高程等数据信息进行收集。

② 数据处理[①]

第一步，管网的概化。排水防涝规划的研究尺度是以主干道路以及周边地块的积水情况为参考标准。可对原始的管网普查数据进行概化，保留主干道路的管网，删去支路管网。支路管网所收集的雨水最终汇入其附近的干管，管网概化后，这些干管的总汇水区域不变。

第二步，设置排出口。原始数据中若存在部分管段没有标注出排出口位置，可结合实际情况和拓扑结构手动设置排出口。

第三步，泵站调度规则和泵站前池的合理设置。排水泵站根据相关规划和施工图等信息以及调研的运行情况，在模型中合理设置。

③ 下垫面分析

结合模型参数的数据格式和精度，收集数据高程点，基于ArcGIS生成DEM数据。另外用不透水率计算的各土地利用层作为下垫面图层，包括：建筑、道路、绿地、水系和裸土等[②]。各层不透水率如表3-16所示。

各下垫面层不透水率　　　　　表3-16

下垫面	短历时	长历时
水系	0	0
绿地	0.15	0.25
道路	0.85	0.9
建筑	0.9	0.95
裸土	0.3	0.35
其他	0.6	0.65

以汉口地区为例，将下垫面分类，在汉口范围内进行解析，并匹配以每类下垫面的不透水率，可以得到汉口地区下垫面示意图和汉口地区径流系数示意图，如图3-22、图3-23所示。

---

① 李品良，覃光华，曹冷然，等. 基于MIKE URBAN的城市内涝模型应用[J]. 水利水电技术，2018，49（12）：11-16.

② 刘龙志，马宏伟，杜垚，等. 基于Mike模型的海绵城市内涝整治方案效果分析[J]. 中国给水排水，2019，35（12）：13-18.

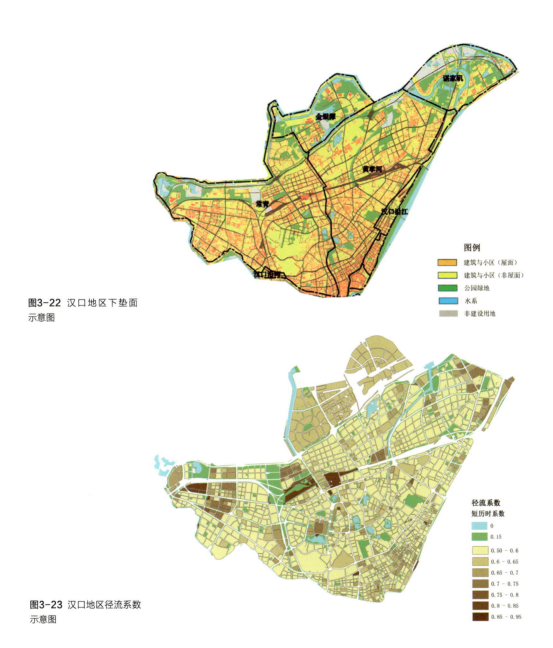

图3-22 汉口地区下垫面示意图

图3-23 汉口地区径流系数示意图

④ 降雨边界条件数据梳理

模型中的降雨边界条件主要包括短历时设计降雨、长历时设计降雨。

a. 短历时设计降雨

短历时降雨采用武汉暴雨强度公式推求。短历时降雨历时为3小时,降雨重现期分别为1、2、3、5年,降雨时间步长为5min,雨峰系数采用$P \geqslant 10$年时,取值为0.5;$5 \leqslant P < 10$年时,取值为0.45;$P < 5$年,取值为0.40。故本次雨峰系数采用0.4。武汉市暴雨强

度公式如下：

$$q = \frac{885(1+1.58\lg P)}{(t+6.37)^{0.604}}$$

短历时降雨雨量时间序列见图3-24，各重现期的降雨量统计列于表3-17。

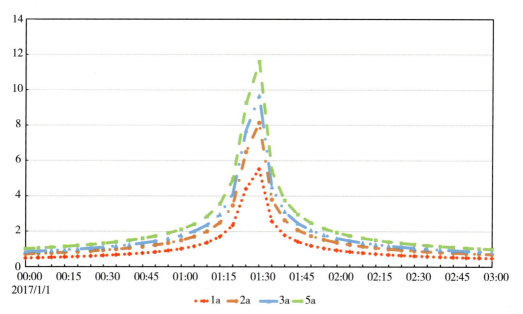

图3-24 短历时设计降雨雨型

短历时降雨雨量统计　　　　　　　　　　　　表3-17

	1a	2a	3a	5a
总降雨量（mm）	41.1	60.7	72.2	86.6

b. 长历时设计降雨

长历时的设计降雨采用10年、20年、30年和50年一遇24小时降雨，以50年一遇24小时的长历时降雨为例，武汉市50年一遇降雨24小时的总雨量是303mm，根据暴雨逐时雨量分配系数（如表3-18），设计得到50年一遇降雨雨量时间序列，见图3-25。

武汉市24小时暴雨逐时雨量分配 表3-18

时间	1	2	3	4	5	6	7	8
该小时时段雨量占24小时雨量的比例（%）	1.21	1.31	1.13	1.05	1.42	1.54	1.85	1.69
时间	9	10	11	12	13	14	15	16
该小时时段雨量占24小时雨量的比例（%）	2.05	2.28	2.92	2.57	5.21	6.22	11.26	38.9
时间	17	18	19	20	21	22	23	24
该小时时段雨量占24小时雨量的比例（%）	7.88	4.53	0.91	0.85	0.80	0.98	0.74	0.7

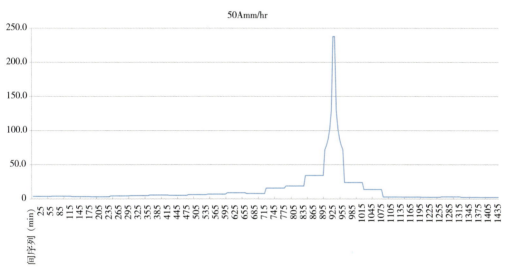

图3-25 50年一遇长历时设计降雨雨型

（3）模型的搭建

① 管网模型搭建

管网模型的搭建包括管网水文学模型和管网水力学模型。

降雨产生的每个集水区的流量作为水文模型的输出结果，用于管网的水力学计算。水力学模块则是利用基于一维自由水面流的圣维南方程组计算管网中的水动力情况。排水管网模型以现状管网数据为基础，根据排水系统布局划分不同的集水区域，并设置集水区的水文模型参数。模型的边界条件主要考虑的是降雨数据，水文模型计算得到的径流量作为流量边界条件用以计算管流模型（图3-26）。

② 二维地表漫流模型构建

二维地表漫流模型主要是对地形进行处理。数字高程模型（DEM）是描述地表起伏形态特征的空间数据模型，由地面规则格栅网点的高程值构成的矩阵形成栅格结构数据集。

③ 河道模型搭建

河道模型的构建包括河网、断面、边界等资料处理。同时设置河道及水工构筑物属性、位置以及相互之间的拓扑关系，不同位置河道横断面数据、河道糙率、初始条件等，降雨等随时间变化的序列文件，河道上下游边界条件等。

④ 耦合模型构建

将一维管网模型、河道模型以及二维地表漫流模型进行耦合，并对管网、低影响开发设施、河道与汇水区相互之间连接的位置及拓扑关系进行检查，通过调整模型敏感性参数，在保障模型运行稳定性的同时，减小模拟结果与实测数据的误差，提高模型的准确性和可靠性（图3-27）。

⑤ 规划方案的评估与优化

根据排水防涝系统相关规划，拟定初步规划方案，以50年一遇作为规划内涝防治标准，将50年一遇的设计降雨条件输入到MIKE FLOOD模型中进行模拟，分析汉口地区内涝积水情况（图3-28）。

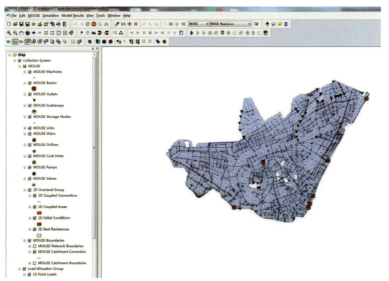

图3-26 MIKE URBAN 管网模型搭建

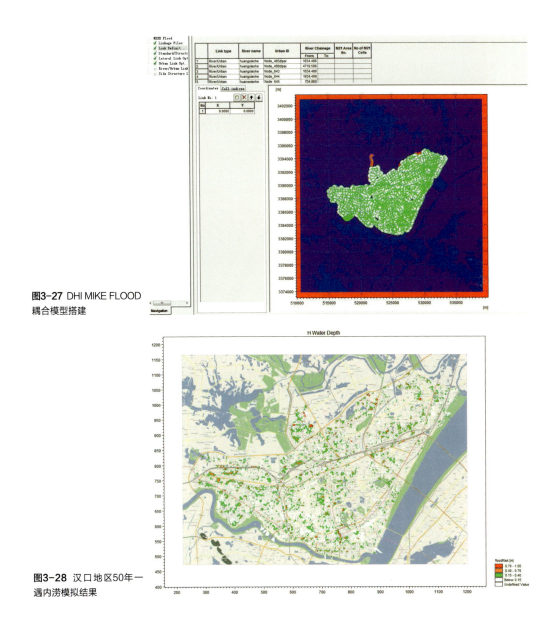

图3-27 DHI MIKE FLOOD 耦合模型搭建

图3-28 汉口地区50年一遇内涝模拟结果

通过模拟结果分析内涝积水原因，在原有的初步方案上对排水防涝系统进行优化调整。由于管道排水能力设计标准偏低或者排水能力不足而导致溢流积水的区域，可提高相应管道的设计标准，增大管径；由于地势低洼，地面排水不畅导致的内涝积水区域，可结合城市更新，适当提高地面高程，合理划分汇水区，减缓该区域雨水管道收集压力。由于区域雨水系统排放能力不足导致的路面积水，可适当增加主干通道或者排水设施。通过不断调整规划措施，提高区域排水防涝能力，并采用排水防涝模型进行模拟，评估方案优化后区域的渍水情况以及排水防涝标准。

3. 源头海绵城市规划设计方案评估与优化——以武汉四十九中地块为例

武汉四十九中地块位于武汉青山海绵城市示范区范围内，为改善该校渍水问题，武汉市对该地块进行了海绵城市改造，并运用模型的方法对改造方案进行了评估。

（1）现状分析

识别地块现状主要存在的问题，例如建筑密度、景观品质、活动空间等因素。分析地形特征、下垫面分布、排水系统分区等情况（图3-29）。

（2）设计方案选取

根据地块的现状分析、限制条件及海绵城市建设设计目标，按照海绵城市建设理念对该地块空间布局进行优化，通过从地块/市政道路（源头）→市政管网（中途）→水系（末端）这一系统的构建，设置雨水花园、屋顶花园、高位花坛和透水铺装对雨水实现全方位的控制（表3-19、图3-30）。

图3-29 武汉四十九中地块平面现状图

LID设施统计表　　表3-19

LID设施	数量（处）	面积（m²）
雨水花园	5	211.5
透水铺装	40	4295.6
高位花坛	4	143.3
屋顶花园	1	134.8

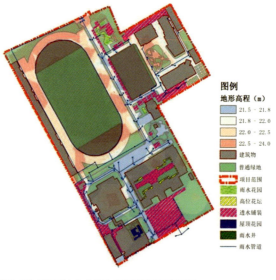

图3-30 武汉四十九中地块 LID设施平面布局图

（3）模型构建[①]

① 集水区划分及管网概化

综合考虑图纸中的排水管网、LID布设位置、竖向高程和下垫面种类因素进行集水区划分，确定集水区的面积和径流汇集方向；根据给排水平面图对项目范围内的雨水排水管网进行概化。

② LID设施概化

以项目海绵工程施工图为依据，根据设计说明、设计大样，确定LID设施的相关属性（表3-20）。

LID设施设计大样详情表　　　　表3-20

雨水花园			参数
填料分层	覆盖层	厚50mm	树皮、树叶及草叶覆盖层
	种植土	厚300mm	种植营养土
	砂滤层	厚50mm	土壤层和碎石层之间
	碎石层	厚150、400mm	150m厚级配碎石、400mm厚级配砾石层
盲管			管径200mm、400mm厚级配砾石层
溢流高度			通过300mm溢流管溢流至市政雨水管
存水深度			200mm
透水铺装			参数
填料分层	路面底层	厚80mm	6mm粒径透水混凝土
	透水混凝土	厚120mm	10mm粒径本色透水混凝土
	砂滤层	厚30mm	沙滤层
	碎石层	厚200mm	级配碎石
盲管			管径200mm，穿孔管（外包透水土工布）
溢流高度			地表漫流进入收水井

[①] 武汉市城乡建设委员会，武汉市政设计研究院有限公司. 武汉市海绵城市监测评估平台设计集成一体化项目：试点区典型项目LID模型评估报告［R］. 2018.

③ 径流路径概化

径流路径包括集水区与LID设施间、LID设施与LID设施间、LID设施与排水管网间。其中LID设施与排水管网间又可以分为LID设施正常出流至排水管网和LID设施溢流至路面再至排水管网两种形式（图3-31）。

（4）评估结果

① 3小时设计降雨模拟结果分析

分析地块在1年一遇和3年一遇3小时设计降雨下海绵城市建设前后的出流结果，具体结果如表3-21及图3-32。

图3-31 武汉四十九中地块LID模型概化图

小时设计降雨下模型海绵建设前后结果表　　　　表3-21

24小时设计降雨	状态	降雨量（mm）	系统出流量（m³）	出流峰值（L/s）	LID设施蒸发下渗量（m³）	不外排径流量比例	峰值削减率
1y3h	海绵前	54.67	1800.0	617.7	0.0	34.1%	12.4%
	海绵后	54.67	1643.1	540.9	71.9	39.9%	
3y3h	海绵前	76.68	2803.4	930.8	0.0	26.9%	10.3%
	海绵后	76.68	2581.6	834.8	84.4	32.6%	

1年一遇3小时设计降雨条件下，地块内不外排径流量比例为39.9%，径流峰值削减率为12.4%；3年一遇3小时设计降雨条件下，不外排径流量比例为32.6%，径流峰值削减率为10.3%。随着降雨强度的增大，地块内不外排径流量比例和峰值削减率有所减少；系统在雨峰前滞蓄消纳效果明显，削峰、缓排效果不显著（图3-32、图3-33）。

② 24小时设计降雨模拟结果分析

分析地块在海绵城市建设前后的出流结果，具体结果如表3-22及图3-34～图3-36。

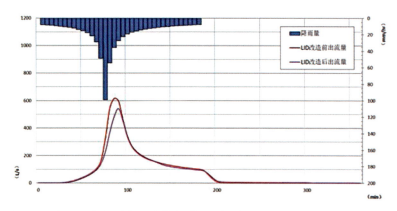

图3-32 1年一遇3小时设计降雨下海绵建设前后出流对比结果图

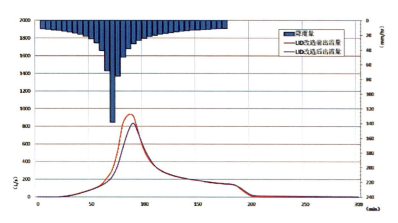

图3-33 3年一遇3小时设计降雨下海绵建设前后出流对比结果图

24小时设计降雨下模型海绵建设前后结果表　　　　表3-22

24小时设计降雨	状态	降雨量（mm）	系统出流量（m³）	出流峰值（L/s）	LID设施蒸发下渗量（m³）	不外排径流量比例	峰值削减率
1y24h	海绵前	94.99	3660.7	814.7	0	22.9%	11.2%
	海绵后	94.99	3335.2	723.4	321.9	29.7%	
3y24h	海绵前	146	6101.0	1280.3	0	16.4%	8.1%
	海绵后	146	5675.9	1176.5	417.3	22.2%	
70%24h	海绵前	24.5	537.0	153.7	0	56.1%	15.2%
	海绵后	24.5	464.5	130.4	95.8	62.1%	

地块在24小时24.5mm设计降雨下，系统无出流，不外排径流量比例为62.1%，径流峰值削减率为15.2%；24小时1年一遇设计降雨条件下，系统的不外排径流量比例为29.7%，径流峰值削减率为11.2%；24小时3年一遇设计降雨条件下，系统的不外排径

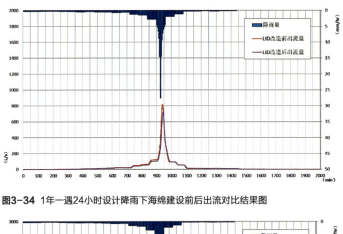

图3-34 1年一遇24小时设计降雨下海绵建设前后出流对比结果图

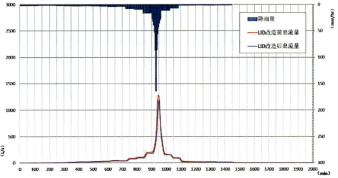

图3-35 3年一遇24小时设计降雨下海绵建设前后出流对比结果图

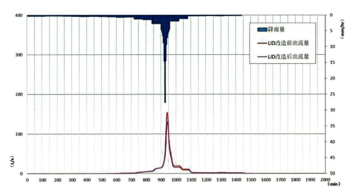

图3-36 24.5mm24小时设计降雨下海绵建设前后出流对比结果图

流量比例为22.2%，径流峰值削减率为8.1%；系统的不外排径流量比例随着降雨强度增大，系统前期滞蓄消纳效果明显，而削峰、缓排效果不明显，不外排径流量比例和峰值削减率均有所下降。

同时可运用模型对多年连续降雨条件下的年径流总量控制率以及污染物削减量等指标进行分析，评估地块海绵城市建设的实施效果。

第4章

海绵城市规划编制体系

海绵城市建设应统筹低影响开发雨水系统、城市雨水管渠系统及超标雨水径流排放系统。低影响开发雨水系统可以通过对雨水的渗透、储存、调节、转输与截污净化等功能有效控制径流总量、径流峰值和径流污染；城市雨水管渠系统即传统排水系统，应与低影响开发雨水系统共同组织径流雨水的收集、转输与排放；超标雨水径流排放系统，用来应对超过雨水管渠系统设计标准的雨水径流，一般通过综合选择自然水体、多功能调蓄水体、行泄通道、调蓄池、深层隧道等自然途径或人工设施构建。以上3个系统并不是孤立的，也没有严格的界限，三者相互补充、相互依存，是海绵城市建设的重要基础元素。

4.1 海绵城市规划编制方法

4.1.1 海绵城市规划编制体系

海绵城市建设的理念、规划要求和相关措施应贯穿于城市法定规划，即城市总体规划、控制性详细规划和修建性详细规划的全过程。在编制城市总体规划、控制性详细规划和修建性详细规划等各类城市规划时，应安排专门的海绵城市建设相关研究和规划内容。海绵城市相关控制指标应通过不同层级的规划逐级落实。在法定规划指导下，各类专项规划编制时也应落实海绵城市理念。

同时，为解决海绵城市建设系统性不足的问题，需编制海绵城市的专项规划和建设规划。海绵城市专项规划应深化和细化海绵城市各项目标和控制指标，明确海绵城市建设的具体步骤，指导各项建设的规划管理和项目推进。海绵城市建设规划应落实海绵城市具体要求并形成建设项目库、建设时序以及建设责任单位，对建设分区内海绵城市建设项目及相关城市建设项目实施进行时序和空间上的统筹，指导具体项目的有序推进，形成系统效应，避免反复和浪费。

4.1.2 城市总体规划

海绵城市部分是城市总体规划的重要组成部分，应从宏观上指导全市的海绵城市建设，与总体规划中的其他规划内容进行配合，协调水系、绿地、排水防涝和道路交通等专项与低影响开发的关系，落实海绵城市建设目标。

城市总体规划中海绵城市部分应包括以下基本内容：

（1）应明确海绵城市建设的总体思路、总体目标和基本途径；

（2）根据需要开展与海绵城市相关的专题研究，划分海绵城市的规划分区；

（3）针对每个规划分区的特点，提出不同分区的海绵城市建设目标和主要控制指标；

（4）协调其他专项或专业规划，提出各类专项或专业规划需要控制的内容；

（5）明确海绵城市重大设施的空间布局和规模；

（6）提出海绵城市低影响开发非工程措施方案；

（7）提出海绵城市低影响开发的分期建设方案。

城市总体规划中海绵城市部分宜按如下技术要求进行编制：

（1）从水资源、水生态、水环境和水安全4个方面系统分析武汉市海绵城市建设的主要方向；

（2）海绵城市的规划分区宜结合排水系统及其受纳水体的特征进行，同一排水系统宜按照系统内水系分布特点划分二级分区；

（3）各规划分区的海绵城市建设目标应与该系统的用地布局、受纳水体环境目标和环境容量、排水系统服务水平、内涝风险等相适应，满足海绵城市建设总体目标要求；

（4）城市总体规划中的用地布局规划、绿地系统规划、交通系统规划、水系规划、排水防涝规划是海绵城市需要协调的重点；

（5）有条件的，宜在城市总体规划编制前完成海绵城市专项规划编制或研究工作。

4.1.3 海绵城市专项规划

海绵城市专项规划应深化和细化城市总体规划确定的海绵城市各项目标和控制指标，明确海绵城市建设的近期建设范围和具体步骤，指导各项建设的规划管理和项目推进。

海绵城市专项规划应包括以下规划内容。

（1）根据需要开展生态敏感区保护、土地集约节约利用、城市水文地质、城市内涝风险、场地竖向控制、江河湖泊水系控制等专题研究，分析城市海绵化面临的主要问题，明确海绵城市建设的重点方向和重点区域。

（2）从需求和实施条件角度进行综合分析，确定规划范围内海绵城市建设指标体系，并将相关区域指标或目标分解到街区和城市道路。

（3）建立将海绵城市建设相关指标从街区分解到具体建设项目或宗地的技术规则。

（4）提出海绵城市建设的系统方案，明确建筑与小区、城市绿化、城市道路和城市水系的海绵性要求和主要措施。

（5）协调与其他专项规划的关系，具体如下。

① 与城市水系规划的协调应注重对自然水系的保护和受破坏水系的修复，明确受保护水体名录及其主要指标，划定受保护水体的边界；完善江湖连通、水系间连通的方案；结合水系在海绵城市建设方面的雨水蓄存及超标径流排放要求，优化水系内部或水系间的调度方案及水系的水位控制。

② 与城市绿地系统规划的协调应注重城市绿地对海绵城市建设方面的特殊贡献。在观赏性、可游憩性基础上，强化绿地系统的生态性、可渗透性、可调蓄性；提出适用于不同类型绿地的低影响设施类型及设施布局原则；在满足城市绿化规划建设指标要求的基础上，提出公园绿地、附属绿地、生产绿地、防护绿地等各类绿地低影响开发规划建设目标、下沉绿地率及其下沉深度等控制指标；充分发挥绿地的渗透、调蓄和净化能力，结合周边区域径流控制及超标雨水消纳需要，明确相关控制设施和消纳设施的规模及布局，对绿地周边区域的径流进行渗透、调蓄、净化；提出适宜的树种选择和相关技术要求，满足海绵功能和景观需求。

③ 与城市排水系统规划的协调应注重源头低影响开发雨水系统与排水管网系统和超标径流排放系统的协同。明确城市内涝风险区段和等级，协调径流污染控制目标、防治方式与排水系统调度运行的关系，协调雨水资源化利用目标及利用方式，协调低影响开发设施的竖向、平面布局与城市排水管网的关系。

④ 与城市道路交通系统规划的协调应注重城市道路的交通需求特点。因条件限制，在道路红线内不能实现海绵城市控制目标的城市道路，应结合道路两侧公共绿地的布局布置为道路服务的海绵性设施，协调道路竖向与其他低影响开发设施及超标径流排放通道的关系。

4.1.4 海绵城市分区建设规划

为贯彻《国务院办公厅关于推进海绵城市建设的指导意见》(国办发〔2015〕75号),科学实施《武汉市海绵城市专项规划(2016—2030年)》,体现海绵城市集中推进和分区推进相结合的建设策略,需要编制《海绵城市分区建设规划》。海绵城市分区建设规划是开展海绵城市分区建设的重要依据,是统筹海绵城市建设项目的重要手段和平台,也是制定海绵城市年度建设计划的基础性工作。

海绵城市分区建设规划以专项规划为依据,按照问题导向和目标导向相结合的原则,协调好与城市开发建设、"三旧"改造、道路交通建设、各类市政基础设施建设和改造计划的关系。

各分区建设规划的规划范围应包含每个建设分区的完整范围,涉及受纳水体为黑臭水体等水环境问题的,还应将受纳水体纳入规划范围。海绵城市分区建设规划的期限一般为5年。海绵城市分区建设规划应充分征求相关职能部门的意见,履行专家审查程序,原则上由各区政府审批。

海绵城市分区建设规划的主要任务是:解读上位规划,明确本分区的建设目标和考核指标;做好基础调查,提出本分区需要解决的主要水问题;开展建设条件评估,明确海绵城市建设的基本策略和原则;统筹源头、中途和末端的建设条件,提出基本建设任务;协调各类建设计划,确定分区的海绵城市建设项目库。

海绵城市分区建设规划的主要内容包括:

(1) 基础调查和评价

① 用地调查及评价。用地性质调查应以《城乡用地分类与规划建设用地标准》GB 50137—2011为标准,城乡建设用地细分到中类,对城市建设用地还应继续细分到城市建设用地分类中的中类。城市建设用地特点的调查分为城市道路类和非城市道路类,非城市道路类分为规划保留用地、规划新建用地和"三旧"改造用地3类。城市道路类分为规划保留、规划新建和规划改造3类。

② 下垫面调查及评价。结合用地调查形成中观下垫面调查成果,中观下垫面分为建筑与小区、城市道路、公园与绿地、城市水系4类。在中观下垫面调查基础上,应以街区

为单元调查统计各类微观下垫面所占的比例，微观下垫面宜按非绿化屋面、绿化屋面、硬质不透水地面、硬质透水地面、绿化地面、湖泊水面、其他水面7类进行划分。

③ 排水系统调查及评价。应收集市政合流管网、雨水管网和污水管网资料，收集规划分流区的地块内部分流状况、各类闸站设施分布及规模资料，了解污水排口、合流及混流排口的分布及排污情况。

④ 水问题调查及评价。应收集近5年来规划区的内涝情况，并宜结合数学模型对规划区的排水防涝水平进行评估，明确易涝点分布和分级：在5年一遇的3小时降雨条件下，渍水深度超过40cm的为严重内涝点，超过15cm但不超过40cm的为一般内涝点。应调查规划区湖泊、港渠的水质，并按照黑臭水体、不黑臭但不达标水体和达标水体等进行归类。

⑤ 其他调查及评价。有条件的宜开展土壤、地下水、本地植物和居民意愿等方面的调查，并按照调查结果，评价源头海绵化改造及建设的适宜性。

（2）规划及计划的解读与整合

① 解读《武汉市海绵城市专项规划（2016—2030年）》，明确该规划对本规划区的具体要求和总体安排。

② 收集并解读"三旧"改造、道路建设、公园建设、防涝工程建设、污水收集与处理工程建设、水环境治理、综合管廊建设的规划或计划，以及电力、燃气、供水、集中供热等管线建设的"十三五"规划或计划，提取各规划在本规划区内的主要任务安排。

③ 提出本规划区海绵城市建设的目标和实现途径，建立可用于本分区海绵城市建设水平评价的指标体系。指标体系应包括分区年径流总量控制率、防涝水平、排口截污率、溢流污染或面源污染控制率、源头海绵化达标面积占比等基本指标，并根据各分区的特点增加其他指标。

（3）明确海绵城市分区建设的方案

结合前述分析、评价和策略安排，从源头减量、中途控制、末端保底的角度提出本分区的海绵城市建设方案，建设方案应体现绿色优先的理念，综合不同对象绿色项目的具体环境及经济效益情况，并与中途或末端建设的环境及经济效益进行比较，保证方案的经济性和可实施性。

（4）统筹建立海绵城市建设的项目库

以分区建设方案为基础，通过对项目的近期效益评价、与关联项目的协调性评价等，对相关项目进行筛选、归类打包和排序，同步进行项目投资估算、责任主体选择等工作，最终形成各分区的海绵城市建设项目库。项目归类打包可以按街区或汇水小分区进行，以体现海绵城市建设项目的系统性和整体性。

海绵城市分区建设规划的成果应包括规划说明书、图纸及建设项目库表。规划说明书应内容全面、表达清晰、评价准确。图纸应包括用地现状图、用地规划图、建设用地特点分析图、排水防涝系统现状图、污水收集系统现状图、主要排口分布及分类评价图、源头海绵项目分布图、中途及末端海绵项目分布图。根据各分区的特点，宜增加黑臭水体治理、特殊内涝点治理等的单项规划图。建设项目库表应包括项目名称、规模、估算投资、类别、责任单位、实施时序、需协调的其他城建项目等内容，属于市级投资的项目应单独进行备注。

4.1.5 建设项目海绵设计方案

海绵设计方案，根据对象可分为建筑与小区设计方案、城市道路设计方案、城市绿地与广场设计方案和城市水系设计方案。

（1）建筑与小区设计方案

建筑与小区海绵性设计内容包括场地设计、建筑设计、小区道路设计、小区绿地设计和低影响设施专项设计。一般在设计时应充分考虑以下因素：场地海绵性设计应因地制宜，保护并合理利用场地内原有的湿地、坑塘、沟渠等；应优化不透水硬化面与绿地空间布局，建筑、广场、道路宜布局可消纳径流雨水的绿地，建筑、道路、绿地等竖向设计应有利于径流汇入的海绵设施；建筑海绵性设计应充分考虑雨水的控制与利用，屋顶坡度较小的建筑宜采用绿色屋顶，无条件设置绿色屋顶的建筑应采取措施将屋面雨水进行收集消纳；小区道路海绵性设计应优化道路横坡坡向、路面与道路绿地的竖向关系，便于径流雨水汇入绿地内海绵设施；小区绿地应结合规模与竖向设计，在绿地内设计可消纳屋面、路面、广场及停车场径流雨水的海绵设施，并通过溢流排放系统与城市雨水管渠系统和超标雨水径流排放系统有效衔接。当上述设计不能满足规划确定的低影响开发指标时，还应进行低影响设施的专项设计，按照所需蓄水容积或污染控制要求，合理设计蓄水池、雨水花园、雨水桶及污染处理设施。

建筑与小区海绵性设计一般需要遵循以下设计流程：首先，根据建筑与小区用地性质、容积率、绿地率等指标，对区域下垫面进行解析；其次，依据相关规划或规定，明确本地块海绵性控制指标；再次，结合下垫面解析和控制指标，因地制宜，选用适宜的海绵设施，并确定其建设规模和布局；最后，根据海绵设施的内容和规模，复核海绵性指标，并根据复核结果优化调整海绵性工程内容。

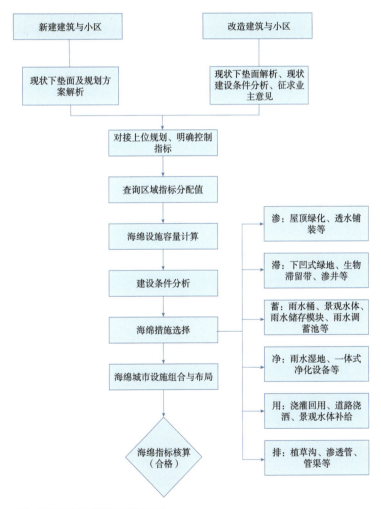

图4-1 建筑与小区海绵性设计流程图

建筑与小区海绵性工程措施选择及设计应符合以下要求：① 建筑与小区内海绵性工程措施应因地制宜，综合考虑功能性、景观性、安全性，应采取保障公共安全的保护措施。② 考虑到安全因素，武汉一般新建建筑与小区中高度不超过30m的平屋顶宜采用屋顶绿化，改造建筑与小区可根据建筑条件考虑采用屋顶绿化。其中，屋顶绿化应根据气候特点、屋面形式、选择适合当地种植的植物种类，不宜选择根系穿刺性强的植物种类，不宜选择速生乔木和灌木植物，屋顶绿化内的乔木应根据建筑荷载适当选用，应栽植于建筑柱体处，土壤深度不够可选用箱栽乔木。③ 屋面雨水宜采取雨落管断接或设置集水井等方式将屋面雨水断接并引入周边绿地内小型、分散的低影响开发设施，或通过植草沟、雨水管渠将雨水引入场地内的集中调蓄设施。④ 建筑与小区道路两侧及广场宜采用植被浅沟、渗透沟槽等地表排水形式输送、消纳、滞留雨水径流，减少小区内雨水管道的使用。⑤ 小区道路两侧、广场以及停车场周边的绿地宜设置植草沟，植草沟与其他措施联合运行，可在完成输送功能的同时满足雨水收集及净化处理要求。⑥ 不鼓励采用灰色雨水调蓄设施，在雨水管渠沿线附近有天然洼地、池塘、景观水体可作为雨水径流高峰流量调蓄设施，当天然条件不满足时，可建造雨水调蓄设施，调蓄设施需要同步考虑污染物削减的问题。

建筑与小区海绵工程措施组合之间应充分考虑雨水径流关系：降落在屋面（普通屋面和绿色屋面）的雨水经过初期弃流，可进入高位花坛和雨水桶，并溢流进入下沉式绿地，雨水桶中雨水宜作为小区绿化用水；道路、广场等其他硬化地面的雨水，应利用可渗透铺装、下沉式绿地、渗透管沟、雨水花园等设施对径流进行净化、消纳，超标准雨水可就近排入雨水管道。在雨水口可设置截污挂篮、旋流沉沙等设施截留污染物，经处理后的雨水一部分可下渗或排入雨水管进行间接利用，另一部分可进入雨水池和景观水体进行调蓄、储存，经过滤消毒后集中配水，用于绿化灌溉、景观水体补水和道路浇洒等。

建筑与小区海绵措施衔接关系如图4-2所示。

（2）城市道路设计方案

城市道路海绵性设计内容包括道路高程设计、绿化带设计、道路横断面设计、海绵设施与常规排水系统衔接设计。

城市道路海绵性设计一般需要遵循以下设计流程：工程场地现状及项目设计条件分

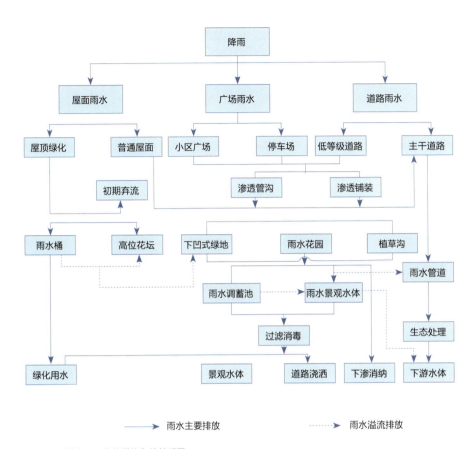

图4-2 建筑与小区海绵措施衔接关系图

析，确定项目低影响开发控制规划目标及指标要求，海绵体方案设计，技术选择与设施平面布置，汇水区雨水分析，海绵体水文、水力计算、土壤分析，项目海绵设施规模确定，城市道路标准横断面竖向设计，绿地（绿化带）内竖向设计，项目方案比选、技术经济分析。

道路海绵性设计的关键在于优化道路横坡坡向、路面与道路绿化带及周边绿地的竖向关系等，便于路面径流雨水汇入低影响开发设施。一般不同路面结构交接带及道路外侧宜设置绿化带，便于海绵设施布置及路面雨水收集排放。新建、改扩建城市道路设计车行道、人行道横坡优先考虑坡向海绵体绿地、绿化带。

城市道路低影响开发设施的选用，应根据项目总体布置、水文地质等特点进行，可参照选用如下：① 渗透设施：1）透水砖铺装；2）下沉绿地；3）简易型、复杂型生物滞留设施（如生物滞留带、雨水花园、生态树池等）；4）透水水泥、沥青混凝土路面；

5）渗井等；② 储存设施：1）雨水湿地；2）湿塘等；③ 调节设施：1）调节塘；2）调节池等；④ 转输设施：1）植草沟（干式、湿式、转输型）；2）渗管、渗渠等；⑤ 截污净化设施：1）植被缓冲带；2）初期雨水弃流设施（池、井）。

城市道路绿化带宜采用下沉绿地、生物滞留设施、植草沟等设施。面积、宽度较大的绿化带、交通岛、渠化岛等区域可依据实际情况采用雨水湿地、雨水花园、湿塘、调节塘、调节池等设施。城市道路典型横断面海绵设施布置方式示意见图4-3～图4-6。

道路海绵性设计时需要注意以下问题。设计道路路面雨水宜首先汇入道路红线内绿化带，一般采用路缘石开口，雨水排至下沉式绿地、植草沟等；人行道雨水通过表面径流、透水铺装排至下沉式绿地、渗管（渠）等。采用渗排管、渗管（渠）时应采用透水土工布外包处理，防止管渠堵塞。大型立交绿地内宜采用下沉绿地、雨水湿地、雨水花园、湿塘、调节塘、植草沟等设施，立交路段内的雨水应优先引导排到绿地内。城市道路绿化带内低影响开发设施（如下沉绿地、雨水湿地、雨水花园、湿塘、植草沟），应采

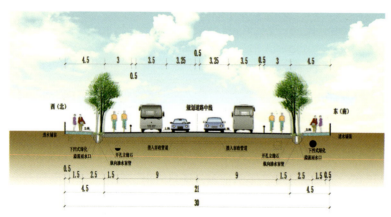

图4-3 城市道路海绵性设计典型断面示意图（一）

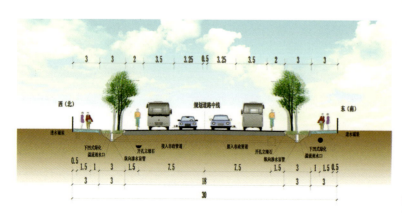

图4-4 城市道路海绵性设计典型断面示意图（二）

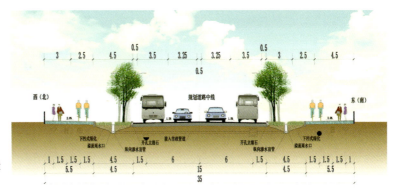

图4-5 城市道路海绵性设计典型断面示意图（三）

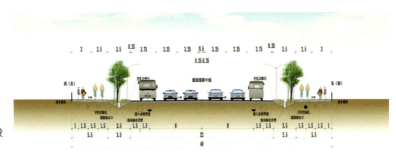

图4-6 城市道路海绵性设计典型断面示意图（四）

取必要的防渗措施，防止径流雨水下渗对道路路面及路基的强度和稳定性造成破坏。当城市道路车行道部分采用透水路面结构时，其砾石排水层应设渗排（管）设施，并接入排水系统。低影响开发设施应通过溢流排放系统（雨水口、溢流井、渗管等）与城市雨水管渠系统相衔接，保证上下游排水系统的顺畅。

路面排水可利用道路及周边公共用地的地下空间设置调蓄设施。当红线内绿地空间不足时，可由政府主管部门协调，将道路雨水引入道路红线外城市绿地内的低影响开发设施进行消纳；当红线内绿地空间充足时，也可利用红线内低影响开发设施消纳红线外空间的径流雨水。作为超标雨水径流行泄通道的规划城市道路，其断面及竖向设计应满足相应的设计要求，并与区域排水防涝系统相衔接。城市道路经过或穿越水源保护区时，应在道路两侧或雨水管渠下游设计雨水应急处理及储存设施。雨水应急处理及储存设施的设置，应具有截污与事故情况下防止泄漏的有毒有害化学物质进入水源保护地的功能，可采用地上式或地下式。低影响开发设施内植物宜根据绿地竖向布置、水分条件、径流雨水水质等进行选择，宜选择耐盐、耐淹、耐污等能力较强的本土植物。

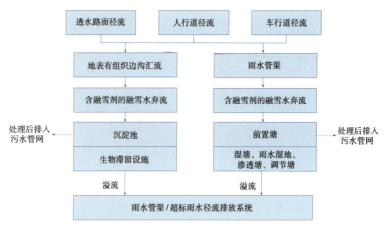

图4-7 城市道路海绵措施衔接关系图

城市道路海绵措施衔接关系如图4-7所示。

(3) 城市绿地与广场设计方案

城市绿地与广场海绵性设计对象包括公园绿地、防护绿地及广场用地。城市绿地与广场海绵性设计内容包括：公园绿地的海绵性措施选择应以入渗和减排峰为主，以调蓄和净化为辅；防护绿地的海绵性措施选择应以入渗为主，净化为辅；广场用地的海绵性措施选择应以入渗为主，调蓄为辅。

城市绿地与广场海绵性设计一般遵循以下流程：依据上位规划明确项目的海绵性控制指标；对用地范围内的现状和规划下垫面进行解析；根据控制指标和下垫面解析结果，确定城市绿地内海绵措施的规模和雨水利用总量；结合上述分析，因地制宜，选用适宜的海绵设施，确定其建设形式和布局；根据海绵设施的内容和规模，复核海绵性指标（图4-8）。

城市绿地与广场海绵性设计应在满足相关设计规范及自身功能条件下，选择适宜于城市绿地的海绵措施及设施，各类设施选择需要注意以下几点。

① 透水铺装。城市绿地内的硬化地面应采用透水铺装入渗，根据土基透水性可采用半透水和全透水铺装结构。城市绿地中的轻型荷载园路、广场用地和停车场等可采用透水铺装，人行步道必须采用透水铺装。非透水铺装周边应设有收水系统或渗井。

② 下沉式绿地。下沉式绿地设计宜选用耐渍、耐淹、耐旱的植物品种，同时与硬化地面衔接区域应设有缓坡处理。

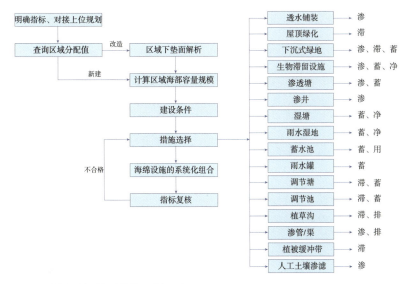

图4-8 城市绿地与广场海绵性设计流程图

③ 生物滞留设施。1）按应用位置的不同，生物滞留设施又分为雨水花园、高位花坛、生物滞留带和生态树池等；2）生物滞留设施的蓄水深度应根据植物耐淹性能和土壤渗透性能确定；3）生物滞留设施内应设有溢流设施，可采用溢流竖管、盖篦、溢流井和渗井等。公园绿地内生物滞留设施应根据地形、汇水面积确定规模和形式。生态树池的超高高度可做适当调整。防护绿地内的生物滞留设施应根据防护类型合理选用。广场用地的生物滞留设施规模应根据汇水面积确定，对于含道路汇水区域的生物滞留设施应选用植草沟、沉淀池等对径流雨水进行预处理。污染严重区域应设置初雨弃流设施，弃流量根据下垫面旱季污染物状况确定。

④ 水体。城市绿地中的水体应具有雨水调蓄和水质净化功能。公园内的水体可根据需要适当收纳周边地块的地表雨水，但收纳车行道区域的雨水需进行预处理，对于污染严重的区域必须设有初期雨水弃流设施。水体周边应根据水流方向、速度和冲刷强度合理设置生态驳岸。公园绿地内景观水体的补水水源应通过植草沟、生物滞留措施等对径流雨水进行预处理。

⑤ 蓄水池。1）无地表调蓄水体且径流污染较小的城市绿地，可设置蓄水池。2）根据区域降雨、地表径流系数、地形条件、周边雨水排放系统等因素确定调蓄池的容积。根据土壤渗透率和下垫面比例合理选用蓄水池形式。塑料蓄水模块蓄水池适用于土壤渗透率较高的区域。封闭式蓄水池适用于土壤渗透率较低或硬化地面区域，但应设有净化设施。

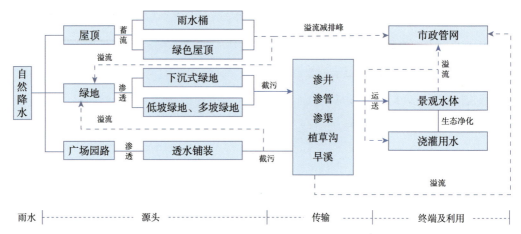

图4-9 城市绿地与广场海绵措施衔接关系图

⑥ 植被缓冲带。植被缓冲带适用于公园绿地、防护绿地的临水区域。公园绿地内临水区域绿地与水面高差较小,植被缓冲带宜采用低坡绿地的形式,以减缓地表径流;防护绿地内临水区绿地与水面高差较大,植被缓冲带宜采用多坡绿地的形式,以减缓地表径流。

⑦ 绿色屋顶。根据整体景观风格和建筑构造确定是否建设绿色屋顶。

城市绿地与广场海绵措施衔接关系如图4-9所示。

(4)城市水系设计方案

城市水系海绵性设计对象包括城市江河、湖泊、港渠。城市水系海绵性设计内容包括水域形态保护与控制、河湖调蓄控制、生态岸线、排口设置以及与上游城市雨水管道系统和下游水系的衔接关系。

城市水系海绵性设计一般遵循以下流程:1)资料收集,收集水文条件、水质等级、水系连通状况、水系利用状况、岸线与滨水带状况等资料;2)流域分析,在流域洪水风险分析、水量平衡分析、纳污能力污染分析的基础上,重点进行城市水系海绵性分析;3)总体布局,确定平面总体布局的重点分析水域与绿化、道路、广场、建筑物等其他配套要素的竖向关系;4)工程规模,根据调蓄、排水、生态、景观、航道、雨水利用等功能需求确定工程规模,重点论证调蓄量、生态流速、污染削减量等;5)方案设计及选择,进行湖港岸线设计、排口设计、水质净化设计以及滨水带的绿化景观、临水建筑物等，并在设计过程中应优先选用具有生态性、海绵性的措施；6）目标核算及方案调整，对方案设计进行海绵性指标核算，对于不满足要求的应进行方案调整。

城市水系水域保护设计应符合下列要求：系统评估区域水域保护状况，对湖泊蓝线、绿线控制状况、周边建设状况对水域占用进行评估；对城市港渠红线控制状况、周边建设对水域占用状况进行评估；对设计对象水系或区域内水面率指标进行计算，对于非达标区域提出补偿措施，如增加调蓄水位控制、增加超标暴雨可调蓄空间控制措施等。

城市水系调蓄调控是水系涉及的核心内容之一，具体设计时需利用模型法、经验公式法等对城市湖泊、港渠进行水量平衡计算，主要明确不同设计标准下源头海绵措施控制后入湖入港调蓄量、外排水量、蒸发水量、河湖补水量、入渗量等。为增强水系作为排涝调蓄空间的功能，城市湖泊整治设计需进行多级水位复核，主要包括：1）生态控制水位，由最低生态水位通过河道生态环境需水量、断面设计进行确定；2）汛前预降水位，结合现有规划对湖泊的正常水位的规定，通过不同降雨、水位组合，结合湖泊水下地形、周边建设、出口泵站运行等状况，合理确定汛前预降水位，并评估达到该水位的排放时间；3）最高控制水位，按照30~50年一遇降雨核算水系内水位过程，确定湖泊最高控制水位；4）超标调蓄水位，按照百年一遇降雨核算水系内水位过程，确定湖泊超标调蓄水位。

城市水系海绵性工程措施选择及设计应符合以下要求：

① 滨水带。滨水带绿地空间宜选择湿塘、雨水湿地、植被缓冲带等措施进行雨水调蓄、消减径流及控制污染负荷；滨水带步行道与慢行道应满足透水要求；滨水带内的管理建筑物应符合绿色建筑要求。

② 驳岸。江河、湖泊、港渠的岸线平面曲线应具有自然性与生态性；城市江河宜选用安全性和稳定性高的护岸形式，如植生型砌石护岸、植生型混凝土砌块护岸等，对于流速较缓的河段可选用自然驳岸。城市湖泊、港渠设计流速小、岸坡高度小的岸坡应采用生态型护岸形式或天然材料护岸形式，如三维植被网植草护坡、土工织物草坡护坡、石笼护岸、木桩护岸、乱石缓坡护岸、水生态植物护岸等。

③ 排口。城市水系禁止新增污水排口，新增雨水排口应采取面源控制措施。城市水系排口应采用生态排口，包括一体式生态排口、漫流生态排口等。港渠、湖泊现有合流、混流排口整治设计中，应结合汇水范围内的源头海绵性改造措施，设置初期雨水调

蓄池、截污管涵等工程措施进行末端污染控制。

④ 水体。规划新建的水体或扩大现有水域面积，应核实区域低影响开发的控制目标，并根据目标进行水体形态控制、平面设计、容积设计、水位控制及水质控制。对于城市水体水质功能要求较高、排涝高风险区，可利用现有子湖等水域设计自然水体缓冲区等，缓冲区为湿塘、前置塘、湿地、缓冲塘、渗透塘等。根据区域排水量、污染控制目标确定缓冲区的面积、容积；根据上游排口标高、下游水体水位明确缓冲区水域竖向标高。自然水体缓冲区应设置水质污染风险防范措施，以防止发生上游污染事件后对主水域的水质破坏。

城市水系海绵措施衔接关系如图4-10所示。

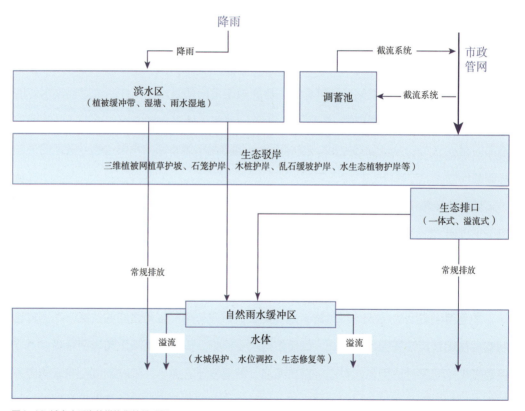

图4-10 城市水系海绵措施衔接关系图

4.2 海绵城市规划编制案例

4.2.1 海绵城市专项规划——以武汉市为例

(1) 规划主要内容及技术路线

根据住房和城乡建设部《海绵城市专项规划编制暂行规定》的要求，《武汉市海绵城市专项规划》的工作内容主要包括以下八大部分：① 综合评价海绵城市建设条件；② 确定海绵城市建设目标和具体指标；③ 提出海绵城市建设的总体思路；④ 提出海绵城市建设分区指引；⑤ 落实海绵城市建设管控要求；⑥ 提出规划措施和相关专项规划衔接的建议；⑦ 明确近期海绵城市建设重点区域，提出分期建设要求；⑧ 提出规划保障措施和实施建议。

规划编制前，为综合梳理"渗、滞、蓄、净、用、排"各类设施的关系，根据城市特点，构建了武汉海绵城市模式。武汉多湖的城市特点，一方面为城市排涝提供了大量的调蓄空间；另一方面雨水排湖调蓄带来的径流污染、混流污染等，给湖泊、港渠的水环境保护带来巨大挑战。实际管理中，往往为了避免污染湖泊，在湖泊的雨水排入口设了大量的排水闸，一般情况下排水闸关闭，只有当上游内涝风险较大，乃至出现内涝的情况下，才开闸放雨水入湖。如此管理模式，大大加大了排水调度管理的难度，同时也难以保证内涝问题的解决和水环境的改善。

针对武汉丰水、多湖的城市特点，武汉市在相关研究的基础上，提出了水量与水质协同控制的海绵城市理论体系。为统筹解决武汉市湖泊调蓄能力受限于城市径流污染，同时城市径流污染严重影响水质的问题，以国家重大科技专项《武汉市汉阳地区水环境质量改善技术与综合示范》研究结论为支撑，定量研究年径流总量控制率与面源污染控制率之间的内在联系，并在武汉市海绵城市管控体系构建中加以应用，确保排入水体的径流污染物浓度小于水体环境容量，从源头解决湖泊水质污染问题。在水质问题保证的基础上，研究武汉市湖泊调蓄空间，充分发挥湖泊调蓄对于城市防涝安全的作用。整体按照"以滞促渗、以渗促净、以净促蓄、以蓄促用和以蓄保排"的技术路线，搭建"小海绵保水质、大海绵保安全"的海绵城市总体框架，创建了基于蓄排平衡单元的武汉海绵城市建设模式（图4-11）。

在此基础上，结合武汉市特点进行了深化，成果主要包括以下内容。

第一章：规划概论

① 规划背景，包含国际发展趋势、国家宏观背景及要求、武汉市发展需求；② 城市总体规划及相关专项规划概述；③ 规划依据、规划任务、指导思想、规划原则、

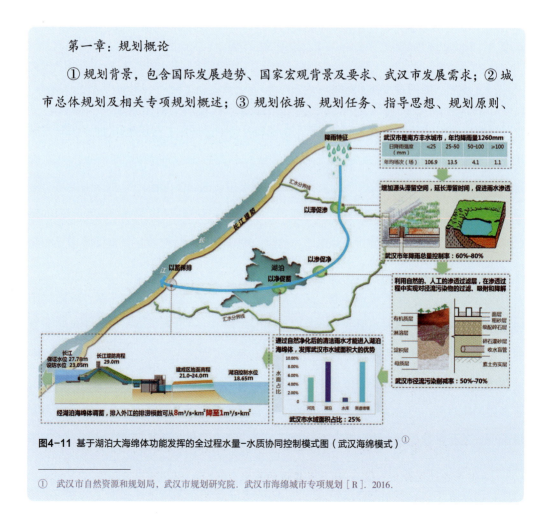

图4-11 基于湖泊大海绵体功能发挥的全过程水量-水质协同控制模式图（武汉海绵模式）①

① 武汉市自然资源和规划局，武汉市规划研究院. 武汉市海绵城市专项规划[R]. 2016.

相关规划解读等。

第二章：国家试点建设评述

① 试点建设的总体思路；② 试点建设的总体进展。

第三章：海绵城市建设条件评估

① 区位条件；② 自然地理条件，包含地形地貌、土壤分布、土壤渗透性、温度、湿度等；③ 社会与经济；④ 降雨与蒸发；⑤ 水系资源与水资源；⑥ 下垫面综合分析，包含宏观、中观、微观3个层级的下垫面分析；⑦ 防洪系统评估；⑧ 排水系统评估，包含排水防涝系统和污水收集与处理系统。

第四章：城市水问题宏观评价与成因分析

① 水资源问题；② 水生态问题；③ 水环境问题；④ 水安全问题。

第五章：规划目标及技术路线

① 总体目标；② 总体策略；③ 指标体系；④ 技术路线。

第六章：自然生态格局的构建与管控

① 自然生态要素的识别，包含城市生态资源要素的空间分布与规模和城市用地生态敏感性分析两个方面；② 自然生态格局的构建；③ 自然生态格局的管控要求，包含海绵蓝线系统控制和海绵绿线系统控制两个方面。

第七章：海绵城市建设分区与系统指引

① 建设分区划分的目的、原则和技术方法；② 建设分区影响要素分析；③ 建设分区方案；④ 建设指引，包含系统指引、分区建设指引和项目分类建设指引3个层级。

第八章：海绵城市建设管控

① 管控指标分解方法；② 管控指标分解方案；③ 分区管控要点。

第九章：规划措施及规划衔接建议

① 系统性规划措施，包含系统性防涝措施和水环境改善措施；② 分区规划措施，包含规划编制措施和规划实施措施；③ 与相关规划的衔接建议。

第十章：近期建设

① 近期建设总体要求，包括面积要求分析和近期建设策略；② 近期海绵城市重点建设区分析；③ 近期重点建设的系统性工程措施，包括内涝防治的系统

性骨干工程和水污染治理的系统性骨干工程两个方面。

第十一章：规划保障措施与建议

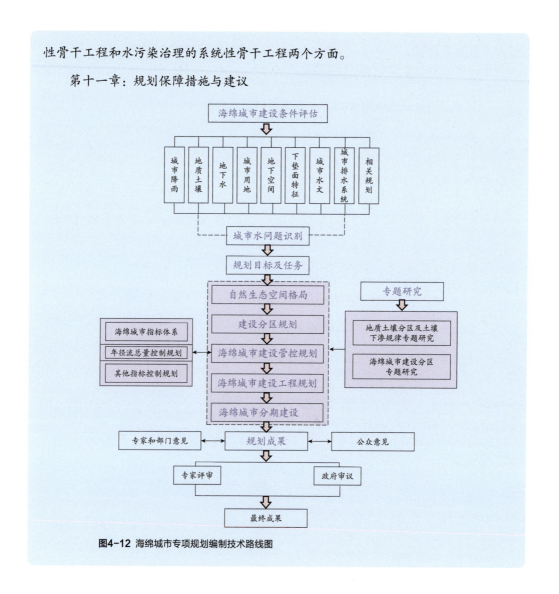

图4-12 海绵城市专项规划编制技术路线图

（2）海绵城市建设条件评估

分别从区位条件、自然地理条件、社会与经济、降雨与蒸发、水系资源与水资源、下垫面、防洪系统和排水系统等方面对武汉市海绵城市建设条件进行评估和分析，指导规划编制。

自然地理条件主要分析地形地貌、土壤分布、土壤渗透性、温度、湿度等。其中，土壤分布主要分析土层分布、土层厚度、透水性能等，以便分析不同区域的不同针对性措施。

降雨条件主要收集多年降雨数据，分析年、月、日降雨规律，特别是分析年径流总量控制率与设计降雨量对应关系、短历时降雨雨型、长历时降雨雨型，分析推荐典型年、典型日降雨过程等。

下垫面条件分析主要包含分析城市的透水状况、硬化程度，从改造角度整体评价海绵城市建设的难易程度。

（3）问题识别

水资源问题：对武汉这样地表水资源丰富的城市，主要分析水资源的空间配置和利用效率。水生态问题：主要从硬化地面增加、径流增加、水面减少、港渠改暗、水岸硬化等方面进行分析。水环境问题：主要分析水污染的空间分布、变化趋势和国家重点整治的黑臭水体分布等。水安全问题：结合城市近年内涝状况，辅以模型模拟的方式，筛选城市的内涝高风险区。

在以上问题中，就武汉而言最迫切需要解决的是水环境问题和水安全问题。造成水环境问题的原因主要有3个方面：① 污水收集系统没有全覆盖，存在旱流污水直接排入水体；② 中心城区合流、混流面积过大，在大规模深基坑地下水排放、大范围地下水位普遍较高带来渗入量显著增加的背景下，合流与混流系统污水量大、污水浓度低，原有系统不堪重负，旱流溢流现象普遍存在；③ 部分水体虽然不接纳旱流污水，但由于武汉建成区地势低平、旱流污染沉积和面源污染排放，溢流污染量大、污染物浓度高，导致合流、混流区的溢流污染没有得到有效控制，加上水体自净能力不足，又没有足够的清洁水源进行补充，最后出现水体水质恶化。

造成水安全问题，主要有4个方面：① 特殊的地形地势条件增加了城市排水防涝难度。武汉是一个滨江、滨湖的内陆城市，地势平坦，建成区地面高程大部分介于21.00~24.00m（黄海高程），郊区农田及湖塘周边高程只有19.00~22.00m，基本都在常年洪水位以下，长江、汉江和府河是武汉市城区降雨的最终受纳水体。由于城区大部分地段的地面高程低于外江设计洪水位，为抵御外洪威胁建设了堤防，并与自然高地一起将城区围合在汉口、汉阳和武昌3个大防洪保护圈内。在汛期，城区降雨需要通过泵站提升来实现雨水外排的目的；在非汛期，城区降雨需要通过穿堤排水闸来实现雨水外排。② 排水骨干系统及外排能力不足。在全市排水防涝专项规划确定总体排水格局和建设计划的基础上，在推进实施过程中，一批投资大、规模大的骨干排水项目受征地拆迁、前期审批、设计标准调整、汛期施工安全、资金筹措等诸多因素的影响，实施难度大，工期建设滞后。③ 受多种因素的制约，湖泊调蓄功能难以有效发挥。利用湖泊进行调蓄是武汉排水防涝系统的基本原则，而由于湖泊权属、养殖功能、雨污混流截污等实际问题，以及湖泊水位对景观和生态的影响在专业领域还存在争议，导致湖泊水位难以按照规划、按照防涝需求进行调控。部分湖泊在雨前的水位已接近其最高控制水位，在应对长历时、大总量的降雨时难以有效调蓄，所以导致长历时降雨下，湖泊调蓄空间难以及时腾退，内涝风险可能更高。④ 在城市建设过程中对用地竖向重视不足。一直以来，城市在排水防涝方面过度依赖排水管网与泵站等排水设施，对用地竖向关注不足，由于不合理的竖向设计，截断了超标暴雨的行泄通道，导致城市局部地区地块开发竖向缺乏整体统筹，地下空间出入口、建筑室内外标高和相邻城市道路高程之间不能形成良好的协调关系或工程应对措施，内涝频率显著增加且极易一涝成灾。竖向控制不足还导致下穿通道汇水范围不能得到有效控制，高水高排与低水低排的设计目的难以真正实现，高水漫流进入下穿通道显著增加了内涝风险和渍水深度。⑤ 城市建设综合统筹不足主要体现在：一是城市建设的快速扩展与排涝设施建设统筹不足，导致排水系统压力迅速增加。以汉口地区重要的排涝系统黄孝河系统（汇流面积51.4平方公里）为例，从1982年开始，其服务范围内的建设用地增长了44%，但其出口泵站后湖泵站自1985年建成后一直未扩建；二是农排和城排的模式转变统筹不足。城市空间的拓展导致越来越多的农村地区转变为城镇地区，但其排水模式并未实现根本性的转变，以汤逊湖系统的汤逊湖泵站为例，其泵站服务水平为农排的可淹没标准，即20年一遇3日降雨5日排完，而其流域北部地区转化为城市建设区后，难以适宜城市排涝需求，成为系统短板和薄弱环节；三是城市建设实施统筹不足，在建设时序安排和空间布局上存在不协调、不一致、不同步实施等问题。

（4）海绵城市建设目标指标

① 总体目标

武汉市海绵城市建设的总体目标是：

1）通过贯彻和推广海绵城市理念，综合运用海绵城市的各种措施和方法，完善水系生态格局，统筹解决武汉市面临的内涝及水污染问题。将武汉市建成能有效应对50年一遇暴雨的水安全城市，建成水清岸美的滨水宜居城市，建成人水和谐的水生态文明城市，建成南方丰水地区的海绵范例城市。

2）以示范区海绵城市建设为起点，积累经验，探索模式，在全市推进海绵城市建设。至2020年，实现武汉市20%建成区达到海绵城市建设目标要求；至2030年，实现武汉市80%建成区达到海绵城市建设目标要求。

② 总体策略

导向上：建成区以问题为导向，针对问题，系统治理；新建区以目标为导向，高标准管控，超前建设。

措施上：内涝防治以常规灰色设施为基础，结合旧城改造和交通系统大建设机遇，下决心提高主干管能力，择机提升干管能力，支管随路配套扩建，必要时采取非常规的排水深隧和超标径流蓄水设施解决。发挥湖泊调蓄功能，对不承担常规降雨调蓄的湖泊，发挥其超标暴雨的调蓄能力。积极推进源头峰值径流系数的控制，结合雨污分流和内部景观提升同步降低已建成区地块峰值径流系数。

水环境保护和黑臭水体治理以污水收集与处理设施为基础，分流区严格按分流体系进行规划建设，混流区应加快混错接改造。新建、改建、扩建项目应全面按照海绵城市要求进行建设，在分流区的已建项目应因地制宜逐步进行改造，在合流区的已建项目应结合项目改造难度和经济性，尽量在源头进行面源污染控制。合流区应结合源头径流污染控制比例，通过提高截留倍数以控制溢流污染次数，并对黑臭水体采取必要的综合措施。

在时序上：内涝重点区防涝设施和黑臭水体整治设施应优先建设，新建区域同步建设，其他区域择机建设。

③ 指标体系

为体现武汉市湖泊众多、蓄排结合的特点，并考虑海绵城市主要是针对雨水管理的城市建设方式，结合相关文件，将指标分为水生态、水环境、水资源和水安全4类。武汉市海绵城市具体指标体系见表4-1。

武汉市海绵城市建设指标体系一览表　　　　表4-1

指标类别	指标序号	指标体系	指标值 2020年	指标值 2030年	备注
水生态	1	年径流总量控制率	20%区域达标	80%区域达标	按建设分区特点确定
水生态	2	自然湖泊水域保持率	100%	100%	
水生态	3	生态岸线占比	≥50%	≥80%	

续表

指标类别	指标序号	指标体系	指标值 2020年	指标值 2030年	备注
水环境	4	地表水环境质量达标率	80%，且无黑臭水体	95%，且无劣Ⅴ类水体	
水环境	5	分流区面源污染控制率	≥50%（以TSS计）	≥50%（以TSS计）	
水环境	6	合流排口溢流次数	≤10次/年	≤10次/年	混流排口参照
水资源	7	雨水资源化利用率	雨水利用量不小于自来水用量的5%	雨水利用量不小于自来水用量的5%	引导性
水安全	8	防洪能力	200年一遇	200年一遇	按防洪标准计
水安全	9	防涝能力	20年一遇	50年一遇，重点区域或设施100年一遇	按防涝标准计
水安全	10	雨前湖泊水位控制达标率	100%	100%	
水安全	11	出江泵站达标率	85%	100%	按抽排能力计

（5）自然生态格局的构建与管控

① 自然生态要素的识别

1）城市生态资源要素的空间分布与规模

武汉市都市发展区内的生态要素以自然山体和水域为基础，包括水域、山体、水源保护区、自然保护区、森林公园、林地、风景区、农田、道路和重大基础设施防护带九大类型。

都市发展区内水资源主要包括长江、汉江、府河、倒水河等主要河流和115个湖泊，主要有东湖、沙湖、南湖、汤逊湖、墨水湖、龙阳湖、木兰湖、北湖、梁子湖、东西湖等，湖泊水体本体线面积共382.5平方公里。其中国家级风景名胜区东湖的水面面积33.6平方公里。良好的水资源环境对于武汉市既是基础性的自然资源，可以净化空气、调节气候、降解污染、调蓄洪水、积累营养，同时也丰富了城市景观空间（图4-13）。

都市发展区内共有211座山体，其中包括蛇山、凤凰山、花园山、狮子山、桂子山、伏虎山、马鞍山、天香山等211座，山体本体线面积93.99平方公里（图4-14）。

根据现状土地利用情况以及武汉市土地利用规划，都市发展区范围内的基本农田

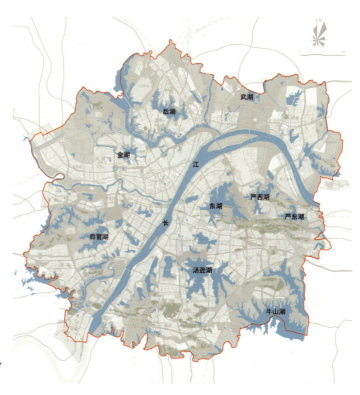

图4-13 都市发展区以内的水体分布图

图4-14 都市发展区以内的山体分布图

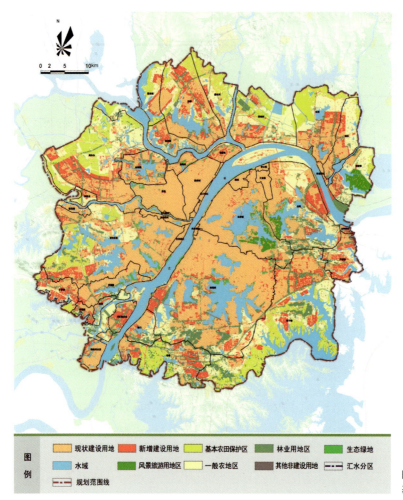

图4-15 都市发展区以内的基本农田和一般农田分布图

和一般农田主要位于都市发展区边界地带，与城市建设用地呈现楔形嵌入的空间形态。其中，基本农田用地规模为275.1平方公里，一般农田用地规模为574.7平方公里（图4-15）。

规划依据《中华人民共和国自然保护区条例》《武汉市山体保护办法》《武汉市中心城区湖泊"三线一路"保护规划》《武汉市城市集中式地表水饮用水水源保护区划分规定》等国家和地方各类相关条例、办法和政府审批的规划，对都市发展区以内的山、水、林、自然保护区等全要素生态资源及其保护区进行识别和划定（表4-2、图4-16）。

生态要素保护区划定标准　　　　　表4-2

要素名称	划定标准
山体及山边保护区	遵循保证山系完整性的原则，划定山体保护区范围，具体按自然山脚（山面外缘垂直投影线）结合自然地形外扩不小于200m绿线宽度，若临近建设区，控制宽度不小于100m；控制山体开敞面原则上不得少于山体占地总周长的60%
水体保护区	完全处于UGB（城市建设区）外的禁限建区最低控制宽度为200m，主要湖泊岛咀地区保留进深不小于500m，面积不小于50hm^{2}的集中生态绿地； 规划建设区河流最低控制宽度为100m，湖泊为50m； UGB以内已建区水体最低控制宽度为30m
水源保护区	《武汉市城市集中式地表水饮用水水源保护区划分规定》确定的武汉市河流型和湖泊（水库）型集中式饮用水水源保护区
自然保护区的核心区	指市级及市级以上湿地自然保护区，目前城市总体规划和组群分区规划中确定的都市发展区范围内湿地自然保护区有3个（全市域共8个），即鲁湖湿地保护区北部、梁子湖湿地保护区西北部、草湖湿地自然保护区
风景区的核心景区	市级及以上级别的风景区，目前城市总体规划和组群分区规划中确定都市发展区范围内风景区有3个（全市域共6个），即龙泉山风景区、东湖风景区和柏泉风景区
森林公园游览区（景区）和生态保护区	城市总体规划和组群分区规划中确定的国家级森林公园，都市发展范围内有2个（全市域共6个），即九峰森林公园和青龙山森林公园
林地	具有一定规模、生态保育功能的公益林地，主要考虑禁建区划定内容的完整性。部分林地范围与其他内容会有重叠，在划定中二者均要纳入其中，按较大范围划定林地范围
其他必须控制的绿楔核心区	为保持生态框架的完整性，确定六大生态绿楔方向上其他生态敏感区域
重大市政设施防护隔离带	垃圾填埋场防护距离800m，垃圾焚烧厂卫生防护带距离为500m，污水厂卫生防护带距离为300m； 110kV高压走廊宽度控制为25～30m，220kV高压走廊宽度控制为30～50m，500kV高压走廊宽度控制为60～100m，1000kV高压走廊宽度控制为100～150m； 堤防保护区包括堤身和堤防后禁脚地。堤防后禁脚地按土堤背水面压浸台坡脚或防水墙背水面后戗台挡土墙墙脚以外50m标准控制
集中成片的基本农田	纳入基本禁建区控制的基本农田是指由国土管理部门审批的、土地利用总体规划中确定的、具有耕地保护重大意义的、集中成片的农田，其划线范围按照土地利用总体规划确定

将以上要素进行空间叠加，即可绘制出保护要素及缓冲区空间布局图，如图4-16所示。

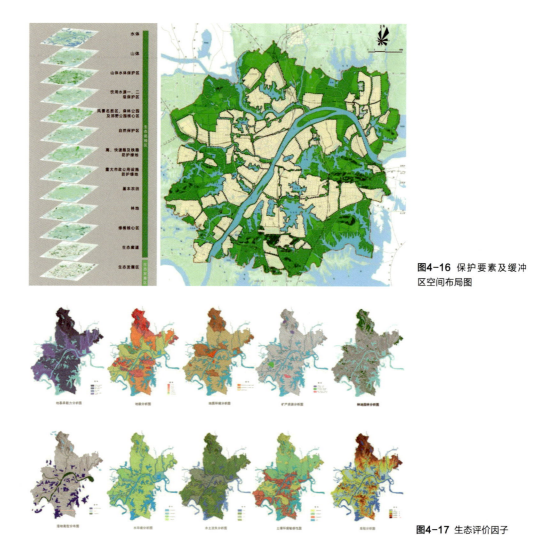

图4-16 保护要素及缓冲区空间布局图

图4-17 生态评价因子

2）城市用地生态敏感性分析

利用GIS技术对评价因素进行量化。将评价因子细分为地基承载、高程、园地、林地、水资源分布、湿地分布、水体敏感性、地震地质灾害、土壤环境、土壤敏感性、水土流失和耕地、矿产资源等17个要素，根据环境影响因素的权重关系，进行数字化处理，然后建立数学模型，运用GIS的空间数据处理能力，将各要素进行叠加分析，完成生态敏感性分析（图4-17）。

按敏感性程度都市发展区内可划分为：生态重敏感区、生态中敏感区、生态较敏感区和城镇建设区5类。评价结果表明，都市发展区内的重度敏感（保护）地带位于北部、西部方向以及南部的湖泊水网及滩涂湿地，这些地区生物多样性极为丰富，面积大、担负生态功能极强,应予以严格保护。中度敏感区以山体保护区和农田为主,动植物资源较少,生物物种丰度比较低,对武汉市的生态服务功能价值虽然较低,但担负着缓冲和稀释人的活动对上述敏感区的不良影响的作用,特别是担负着保护湖泊生态系统安全的功能,这类生态系统也具有一定程度的重要性(图4-18)。

② 自然生态格局的构建

1)对接落实城市总体规划确定的生态框架

武汉城市总体规划按照全域"大发展+大生态"的思路,在都市发展区以内确定了"1+6"城市发展格局和"两轴两环、六楔多廊"的全域生态框架。在都市发展区维育中心城区山水骨架,形成"十字"山水轴;以三环线防护绿地为纽带串联山水资源,构建主城外围生态保护圈;建立由山体湖泊、水域湿地、城市绿地、风景区、农田等组成的6片城市楔形绿化开敞空间。农业生态区主要承担片状生态外环职能,形成武汉都市发展区与城市圈若干城市群之间的生态隔离。

海绵城市自然生态格局的构建,以全域生态格局为基础,在固化"两轴两环、六楔多廊"城市生态框架的基础上,构建"生态绿网"和"水域蓝网"两网交融的生态格局(图4-19)。

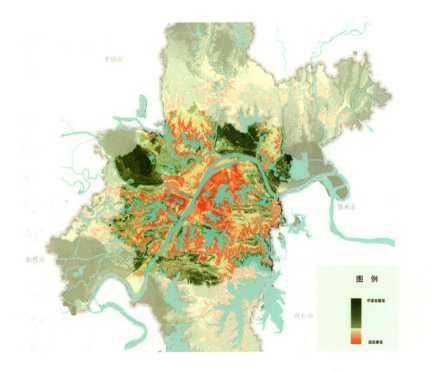

图4-18 用地适宜性评价图

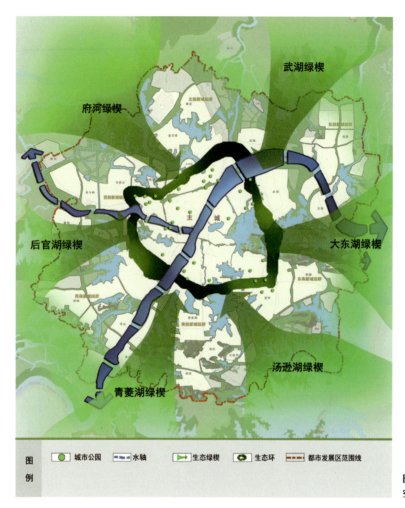

图4-19 海绵城市自然生态空间结构图

2）城市海绵空间格局

综合考虑都市发展区生态资源要素分布、用地生态敏感性、内涝风险及洼地系统，形成"T轴—两环—多点—六楔"海绵城市自然生态空间结构；严格保护城市蓝、绿线系统，以自然山体、基本农田、自然保护区、风景区、森林公园、林地以及其他生态敏感性较高的区域组成生态底线区和生态发展区，以道路、水系等线性绿化为网络，以主城区城市公园绿地为点缀，构建点、线、面结合的自然生态格局（图4-20）。

"T轴"主要由长江、汉江河流水系组成，是展现武汉"两江交汇"独特城市意象的主体。"两环"包括以三环线防护林带及其沿线的严西湖、汤逊湖、后官湖、金银湖、天兴洲等中小型湖泊和公园为主的线性生态内环，以城郊大型生态公园、生态农业区和外

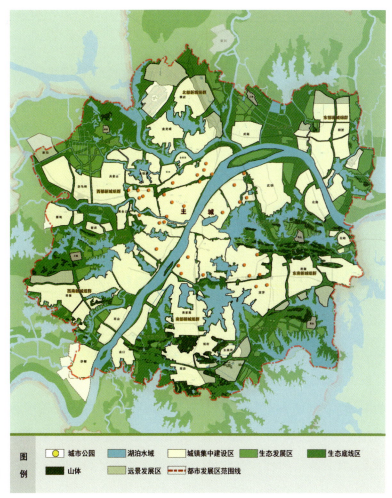

图4-20 海绵城市自然生态空间格局图

环线防护绿带构成的生态外环。"多点"为结合城市易涝点，在相邻的规划城市公园绿地和有条件的现状公园绿地中布局具有内涝消减功能的城市绿地斑块，缓解因城市建设需求带来的内涝风险，形成"多点棋布"的点状斑块格局。"六楔"是由府河、武湖、大东湖、汤逊湖、青菱湖、后官湖水系6个以水域湿地、山体林地为骨架的大型放射形生态绿楔，主要包括硃山湖、后湖、七龙湖等18处郊野公园，柏泉、龙泉山、东湖3处风景区，梁子湖、草湖等2处湿地保护区，青龙山、九峰2个森林公园，后官湖、青菱湖等9片休闲度假区，八分山、后官湖2处体育公园，武湖、慈惠等4片生态农业园，形成联系建成区内外的生态廊道和城市风道。

③ 自然生态格局的管控要求

1）海绵蓝线系统控制

在现状水系格局基础上，结合武汉市水系规划、防洪和排水防涝规划，优化水域、岸线、滨水区布局，划定都市发展区水系控制面积803平方公里。

控制以长江、汉江为主的河流水系格局，长江、汉江、府河、倒水河等江河蓝线，以堤防为界，不单独划定。河道整治采取多级水位复核调蓄设计，通过在河道两岸配置如观赏型群落、生态型群落、生产绿地群落等模式和生态型驳岸，增加雨水的下渗量，塑造滨水休闲带。划定河流水体及河岸缓冲区面积189平方公里，重要城市明渠及保护范围面积32平方公里。

目前，武汉市已划定了全市166个湖泊的蓝线、绿线和灰线保护范围。其中，蓝线、绿线之内不得任意开发，灰线内的建设要与滨水环境相协调，以保护湖泊资源的公共性和共享性。都市发展区内的沙湖、黄家湖、府河、大东湖、汤逊湖、青菱湖、硃山湖、后官湖水系等城市湖泊，应严格遵循《武汉市中心城区湖泊"三线一路"保护规划》确定的湖泊保护要求：针对后襄河、西湖、北湖、皖子湖、菱角湖、塔子湖、小南湖、机器荡子、竹叶海、莲花湖、紫阳湖、水果湖、内沙湖、晒湖、五加湖、四美塘等已建区的湖泊，以环境优化、景观完善为主塑造景观公园型湖泊；针对金湖、银湖、张毕湖、月湖、墨水湖、三角湖、北太子湖、南太子湖、龙阳湖、沙湖、杨春湖、南湖、黄家湖、野芷湖、青山北湖、汤逊湖等周边尚未建设完成的发展区域，以强化控制景区建设为主，塑造城市公园型湖泊；针对青菱湖、野湖、严西湖、严东湖、车墩湖、竹子湖、青潭湖等位于城市总体规划确定的生态保护范围内的湖泊，以生态防护、生态隔离为主，打造生态公园型湖泊。划定湖泊水体及湖岸缓冲区面积582平方公里。

蓝线保护区内工程应进行严格控制，除必要的水利、市政道路、园林、海绵设施、必要管线等相应工程外，其他违章建筑或设施应逐步拆除，同时对现状不透水路面、人行道进行透水改造，恢复地表植被，保障土壤的蓄水及渗透功能，使其满足海绵城市的建设要求（表4-3）。

蓝线控制要素及保护区面积　　　　　　　表4-3

	生态要素	面积（平方公里）
1	湖泊水体控制线及湖岸缓冲区	582
2	河流水体控制线及河岸缓冲区	189
3	重要城市明渠及其保护范围	32

2）海绵绿线系统控制

保护和恢复山体、林地、湿地、田园等自然原貌，注重对基本农田等土地资源、自然保护区和风景旅游区、湿地、水源保护地等资源的保护与利用。加强水土保持、植树造林工程建设，减少地面径流，增加地下水补给。增加山体植被覆盖，涵养水土，禁止进行破坏山林绿化等的建设活动。划定风景名胜区、郊野公园、森林公园保护区面积75平方公里，基本农田、林地、生态绿楔核心区、生态廊道面积297平方公里，自然保护区控制面积22平方公里、湿地及其保护区13平方公里，山体及其保护区137平方公里，水源地保护区101平方公里，其他生态较敏感区域面积220平方公里。

在主城区内部布局多个具有内涝消减功能的城市公园，低洼地区城市开发与周边绿地统筹考虑，根据需求布局公园、带状绿地、街旁广场、街心游园等多样化的城市公园绿地，合理设置雨水入渗、调蓄设施，缓解因城市建设需求带来的内涝风险。在人口密集区域，通过增加社区级公园降低城市内涝风险，提升人均城市公共绿地指标，改善居住环境。

针对三环线防护林带及其沿线的城市公园，合理设置雨水入渗、雨水调蓄设施，提高生态功能，构建复合型的人工植被和开放性的生态服务功能载体，营造森林绿带，作为阻隔人工城市建设区向外无序蔓延的屏障之一。城市防护绿地合理设置以入渗为主、净化为辅的海绵设施，增强城市网络化生态格局，与外围绿楔连接。

划定城市公园面积约19平方公里，划定高速公路及快速路防护绿地64平方公里、铁路防护绿地37平方公里，划定重大市政公园设施防护绿地37平方公里（表4-4）。

绿线控制要素及保护区面积　　　　　　　表4-4

	生态要素	面积（平方公里）
1	风景名胜区、郊野公园、森林公园的核心区	75
2	基本农田、林地、生态绿楔核心区、生态廊道等区域	297
3	自然保护区	22
4	湿地及其保护范围	13
5	坡度大于16°的山体及其保护范围	137
6	饮用水水源一级、二级保护区	101
7	城市公园	19
8	高速公路及快速路防护绿地	64
9	铁路防护绿地	37
10	重大市政公用设施防护绿地	17
11	其他生态较敏感区域	220

（6）海绵城市建设分区与分区指引

① 分区划分

建设分区划分是在一级汇水分区和二级汇水分区的基础上完成，划定时以汇水关系为主线，叠加宏观下垫面类别、建设用地特征、水问题特点、行政区划特点等要素，按照有利于问题识别、有利于措施遴选、有利于过程管理与考核的要求，体现建设用地与非建设用地的差异，强化老城和新区、新建小区和老旧社区的差异，最终将都市发展区范围划分为258个建设分区。其中，以非建设用地为主的生态保育区共56个，面积832.75平方公里；以尚未按规划形成的建设用地为主的新城区分区有79个，面积909.68平方公里；以老城区为主的分区有50个，面积237.71平方公里；其余新旧混合的建设分区有73个，面积626.48平方公里。中心城区的分区面积基本控制在10平方公里以内，远城区适当放大（图4-21）。

不同建设分区根据历史降雨渍水资料、黑臭水体信息及现状污水收集处理状况等因素，综合判断各建设分区面临的水问题（表4-5）。

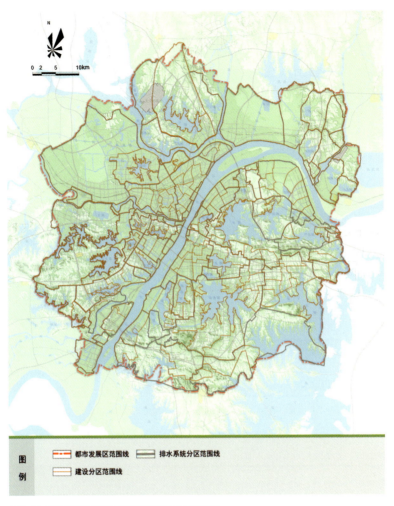

图4-21 武汉市都市发展区海绵城市建设分区示意图

海绵城市建设分区信息示意表　　　　　表4-5

序号	二级排水系统名称	序号	分区名称	分区面积（hm²）	有无渍水问题	有无黑臭水体问题	污水收集处理状况
1	东沙湖罗家路直排区	1	罗家港北片	400	无	无	雨污分流
		2	**	**	有	有	雨污混流
		3	**	**	有	无	雨污合流
2	**	1	**	**	有	无	雨污分流
		2	**	**	有	无	雨污混流

② 建设指引

海绵城市总体目标应通过系统性防涝措施建设、系统性水污染治理措施建设、以建设分区为单元的分区建设和水体综合整治等有机协同来实现。

1）系统性防涝措施建设指引

新建和改造地区的排水设施应达到表4-6的标准。改造难度大的建成区，其管网排放标准可适当降低。下穿通道等设施设计重现期应达到表4-7的标准。

新建、改建地区雨水管渠设计暴雨重现期取值　　　　　　表4-6

汇流时间 (min)	重现期P（a）			
	一般地区及路段	地形条件调整		防护对象重要性调整
	管渠	不利地区及路段	有利地区及路段	重要地区及路段
T≤60	3	+2	−2	+2
60<T≤120	4	+2	0	+2
120<T	5	+2	0	+2

下穿通道排水设施设计暴雨重现期取值　　　　　　表4-7

下穿道路等级	重现期P（年）	计算用汇流时间（min）
主干道及以下等级	10	≥5
快速路、过江过湖通道	20	≥5
与地铁及地下商业设施相连的地下通道	50	≥5

对于管网设施不能解决的涝水排放，结合城市湖泊、湿地、公园、下凹式绿地和广场等措施新增城市雨水调蓄空间，同时可结合内涝高风险地区的局部点建设雨水调蓄池，特殊地区可考虑深隧排水方式。对于超过城市内涝防治标准的雨水，应充分利用湖泊超高调蓄容积进行蓄存，必要时将部分城市道路作为临时通道并制定应急预案。

2）系统性水污染治理措施建设指引

对水环境质量为Ⅴ类和劣Ⅴ类的水体应进行综合整治，列入黑臭水体名录的水体是近期整治的重点。在系统推进污水收集处理工程基础上，推进水体综合整治。整治内容宜按岸线和排口生态化改造、清淤、生态补水、补氧的顺序组合相应的工程措施，确有必要的可在原位对污染水进行原位强化处理。在水体综合整治时应同时提高水体对超标雨水蓄积能力，提高水体的可达性、可游赏性。

3）分区建设指引

应编制分区建设规划并建立分区雨水及面源污染的管理制度，明确分区年径流总量和年面源污染排放总量。在258个建设分区中，有内涝问题的建设分区62个，这类建设分区应完善区内排水支管和支干管，强化源头峰值径流的管理，结合分区易涝点分布和特点提出具体治理方案；有污水收集处理问题的建设分区63个，这类建设分区应有针对性开展污水支管建设和社区雨污分流改造，受纳水体列入黑臭水体名录的建设分区应优先建设。

（7）海绵城市指标的分区管控方案

① 年径流总量控制率的分解与分区管控。系统年径流总量控制率按一、二级汇水区给定，系统年径流总量控制率在60%~80%之间，各系统的具体取值见图4-22。各建设分区年径流总量控制率的基准值按每个建设分区给定，并分为新建项目和改造项目予以调整。

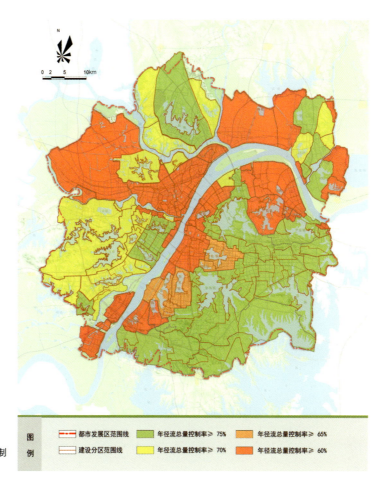

图4-22 各排水系统年径流控制目标图

② 建设项目年径流总量控制。1) 公共绿化及港渠水系建设项目的年径流总量控制率统一确定为85%。2) 建筑与小区建设项目的年径流总量控制率以所在建设分区的年径流总量控制率为基准，结合项目用地性质或道路红线宽度予以调整。调整后取值不足60%的按60%取值，调整后取值大于85%的按85%取值。3) 城市道路在自身条件受限而难以满足年径流总量控制指标时，建设单位可协调相邻公共绿化的管理单位，引导部分路面径流进入公共绿化用地，并利用公共绿化用地来协同建设海绵设施，共同实现年径流总量控制率的达标。

③ 自然湖泊水域保持率的管控通过湖泊蓝线管控来实现，具体面积及蓝线边界通过《武汉市中心城区湖泊"三线一路"保护规划》确定。

④ 面源污染削减率指标的分解按各建设区受纳水体环境要求确定，受纳水体水质目标为Ⅲ类及以上标准的湖泊建设区，其面源污染削减率应不低于70%；受纳水体水质目标为Ⅳ类的湖泊建设区，其面源污染削减率应不低于60%；受纳水体为其他水体的建设区，其面源污染削减率应不低于50%（图4-23）。

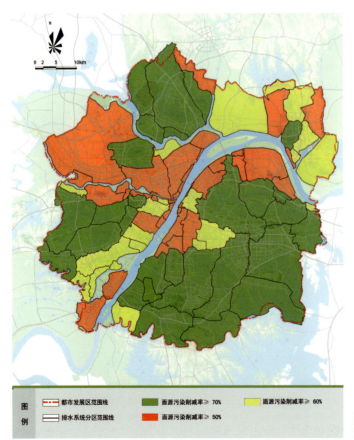

图4-23 各排水系统面源污染削减控制目标图

⑤ 其他指标的管控。其他指标在各建设分区内均按统一的指标值进行控制，具体控制指标按全市指标体系确定。

（8）相关专项规划衔接建议

城市总体规划：① 体现海绵城市理念，增加海绵城市的系统性管控指标；② 在新增规划建设用地时应保留自然水系，应结合水系及自然汇水通道的走向进行用地布局；将城市易涝点纳入城市改造区域，增加可蓄积城市涝水的公共空间；③ 在用地建设适宜性评价中强化竖向分析内容，识别内涝高风险区，提出城市建设的竖向要求；④ 提出建设用地增加与排水设施完善之间的关联管控策略。

城市控制性详细规划：① 应落实上位规划确定的水生态格局，界定河湖水系及内涝高风险区边界；② 增加海绵城市的建设指标，将建设分区的强制性指标纳入控制线性详细规划，主要应包括年径流总量控制率、面源污染削减率、新建项目的可生态硬化地面比例和下凹式绿地率；③ 强化用地竖向控制，应将城市道路控制点高程和地块最低高程纳入控制性详细规划；④ 强化城市水系和公共绿化对内涝防治的作用，明确城市水系的水位控制要求，明确公共绿化对区域雨水的蓄积容积。

对城市绿地系统规划的编制建议，建议绿地系统规划增加如下内容。① 明确海绵城市绿地系统规划的基本原则。在可观赏性、可游憩性基础上，强化绿地系统的生态性、可渗透性、可调蓄性，合理预留或创造空间条件，对绿地自身及周边硬化区域的径流进行渗透、调蓄、净化，并与城市雨水管渠系统、超标雨水径流排放系统相衔接。② 确定不同类型绿地的低影响开发控制目标。在满足城市绿化规划建设指标要求的基础上，提出公园绿地、附属绿地、生产绿地、防护绿地等各类绿地低影响开发规划建设目标、下沉式绿地率及其下沉深度等控制指标。③ 确定不同类型绿地适用的低影响设施类型、规模及布局。统筹江河湖泊等水生态敏感区、生态空间和绿地空间布局，确定城市绿地系统低影响开发设施的类型、规模和布局，充分发挥绿地的渗透、调蓄和净化功能。④ 布局消纳周边超标雨水径流和必要初期雨水的场地和设施。在江滩、东湖、三环线绿化带等有条件地区因地制宜的规划布局占地面积较大的低影响开发设施，与排水防涝规划衔接，预留超标径流和城市道路初期雨水消纳场地。⑤ 提出适宜的树种选择和相关技术要求，满足功能和景观需求。低影响开发的树种应选择适宜的乡土植物和耐淹植物，通过合理设置绿地下沉深度和溢流口、局部换土或改良增强土壤渗透性能等方法，保障植物的正常生长；并在满足渗透、调蓄、净化功能的基础上，形成良好的城市景观。

对城市排水防涝规划编制的建议，建议增加如下内容。① 将年径流总量控制目标与指标纳入专项规划。② 细化内涝风险等级。推荐使用水力模型进行城市内涝风险评估；条件不允许的，可通过对地形、现状排水设施建设水平等因素进行分析，确定规划范围内内涝风险等级。③ 强化城市雨水管渠系统与超标雨水径流排放系统的有效衔接，最大限度地发挥区域性低影响开发雨水系统对超标径流雨水的渗透、调蓄和净化作用。

对城市用地竖向规划的编制建议。武汉市尚未编制城市用地竖向规划，建议编制该规划，并在规划中体现以下要求：整体形成有利于自然排水的竖向条件；落实地面超标径流行泄通道的连贯性竖向要求；利用城市绿地、广场、道路等公共开放空间，在满足各类用地主导功能的基础上合理布局低影响开发设施。

其他重要专项规划，如城市道路交通规划、城市防洪规划、生态环境保护规划等，均应在海绵城市专项规划中提出落实海绵城市理念的相应编制建议。

（9）近期建设重点区的筛选与划定

① 近期建设策略

1）系统建设与分区建设相结合。通过系统建设解决系统内涝问题、污水收集与处理的系统构建问题。通过分区建设来解决海绵城市成片区推进、发挥整体效益、避免破碎化和便于整体考核等问题，实现分散布局的海绵建设项目的系统化目标。

2）问题导向与目标导向相结合。问题导向以解决当前城市存在的突出水问题为导向，发挥海绵城市先进理念在解决城市问题上的先进性；目标导向以实现在成片开发和建设过程中，整体落实、系统推进海绵城市建设理念为导向。

3）集中推进与分区推进相结合。集中推进主要解决海绵城市建设的示范区建设引领问题，解决系统性的内涝防治和水污染治理工程构建问题；分区推进主要解决市区联动问题，提高区级政府在海绵城市建设过程中的主动性和参与度，促进海绵城市建设理念的全面推广和实践。

② 近期海绵城市重点建设区

海绵城市近期重点围绕水问题突出的区域来开展，重点建设区包括四大类，即海绵城市建设综合示范区、黑臭水体治理关联区、内涝治理重点区和重点湖泊水生态修复关联区。重点建设区应包括区内源头海绵化改造（含社区雨污分流）、中途蓄水设施建设和内涝点原位治理。

内涝防治的近期系统性骨干工程包括出江泵站工程、骨干通道工程和湖泊调蓄工程。水污染治理的系统性骨干工程包括污水厂新改扩建工程、污水收集系统完善工程和黑臭水体治理工程（图4-24）。

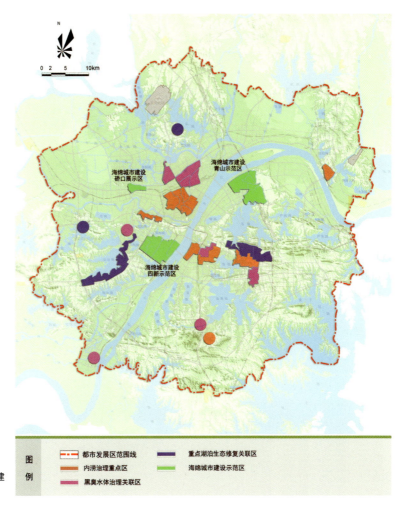

图4-24 海绵城市近期建设重点区分布图

4.2.2 分区建设规划编制案例——以武汉市青山示范区为例

(1) 项目概况

武汉市海绵城市建设青山示范区位于武汉市青山区中部，北临长江，南靠东湖，东至武钢工业区。示范区范围由临江大道、建设一路、友谊大道、东湖港、欢乐大道、三环线等道路围合而成，规划范围内用地总面积23.5平方公里，以居住用地和绿地广场用地为主。

其中，居住用地面积624.56hm^2，占规划总用地的26.51%，包括20世纪90年代的居住社区和近5年来新建的小区；绿化用地面积291.25hm^2，占规划总用地的12.36%，发展备用地的用地面积为290.35hm^2，占规划总用地的12.32%（图4-25）。

图4-25 青山示范区现状用地图

（2）技术路线

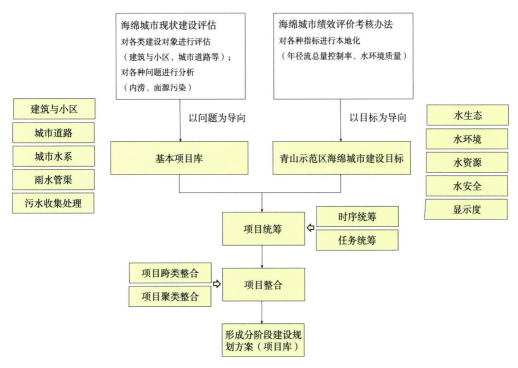

图4-26 海绵城市建设规划编制技术路线图[①]

（3）现状问题与原因分析

根据流域概况及管网分布情况，青山示范区划分为港西直排区（10.44平方公里）与青山引水区（12.62平方公里）两大汇水区，主要问题在于青山示范区存在12个渍水点，3条轻度黑臭水体，老旧城区人居环境质量较差。

内涝原因有以下几个方面：① 系统蓄排量有限，水无去处：港西一期泵站现状抽排能力只能达到P=1年标准，东沙湖流域湖泊调蓄容积应对50年一遇303mm降雨缺口22mm；② 区域硬化面积大，径流增大：由于传统建设理念采用"人水争地，过度硬化"模式，示范区综合径流系数由开发前0.25～0.30左右增加到现状的0.55；③ 河渠建设标准低，断面不足：青山港现状过流能力不满足50年一遇24小时要求；④ 局部管道标准低，排水不畅：青山示范区83.8%长度现状管渠P＜3年；⑤ 竖向管理不到位，局部低洼：由于区域开发建设时序不匹配形成部分区域（特别是钢城二中等）低洼地。

---

① 武汉海绵城市建设有限公司，武汉市规划研究院. 武汉青山试点区海绵城市建设规划［R］. 2015.

造成示范区水污染的主要是点源和面源，水污染原因有以下几个方面：① 污水直排与局部混错接：示范区存在约176处市政道路管网混错接，97个小区公共建筑及3个公园内部混错接，涉污港渠排口45个，涉污泵站排口1个；② 老城面源污染缺乏控制：示范区面源污染相对总污染物排放量COD占比37.28%，TP占比21.66%，NH_3-N占比8.79%；③ 内源污染持续影响水质：示范区内源污染相对总污染物排放量TP占比2.39%，NH_3-N占比4.09%；④ 水体自净能力相对不足：示范区现状入湖污染物总量大于水体自净降解污染物的能力，其中COD超标6.79倍，TP超标9.78倍，NH_3-N超标16.65倍，造成水质无法达到管理目标。

（4）规划总体设想

① 规划原则

1）因地制宜、统筹建设原则

综合考虑建设区域的特征和改造难度，形成合理、科学、具有可操作性的海绵建设实施指引；统筹建设区域环境整治、道路及市政管网建设等各类建设计划，合理安排区域海绵建设时序。

2）影响最小化、效益最大化原则

以对居民生活生产影响最小化为出发点，合理构建海绵改造建设的优选方案；通过合理的设施搭配，实现投资最小化、社会效益最大化。

3）规划引领、分步实施原则

在制定青山示范区海绵城市项目建设计划时，根据已获政府批复的相关规划，结合各自特点，确定建设时序，保证稳步推进。

② 总体目标与建设指标

根据对内涝与水污染的定量分析，明确治理内涝、消除黑臭、提升环境品质等目标。并提出具体相关对应指标来实现生态保护目标，确保水域面积不缩小，内涝治理达到蓄排平衡，能有效应对50年一遇的大雨（303mm/d），水环境治理消除黑臭水体同时各水体COD指标达到Ⅳ类，通过构建水域空间保护体系、蓄排平衡体系、污染控制体系分析落实各目标及指标的可行性、途径及具体要求（图4-27）。

排蓄平衡体系构建：港西直排区无调蓄水体通过新建港西二期及其配套主干雨水管

网提高整体排涝能力,同时通过源头减排进一步削峰;青山引水区排蓄平衡通过加强运行调度确保原有湖泊调蓄量及泵站抽排能力,不足部分通过源头控制降雨22mm来实现,同时扩大河道过流能力。

污染控制体系构建:港西直排区通过混错接全改造和削减面源污染,实现港西排口水质达到长江武汉段水质管理目标;青山引水区通过混错接点全改造、污水排口全截污、清淤消除内源污染、源头改造削减面源污染使排入水体污染物总量小于水体自净能力,并通过生态修复维持水体的生态平衡(图4-28)。

③ 海绵城市总体结构

为将示范试点效应最大化,结合本地条件在示范区内整体形成"三心—三轴—两带—多点—八区"的海绵城市规划结构(图4-29)。其中,"三心"为围绕和平公园和青山公园,形成两大核心示范区域;依托武汉站作为青山乃至武汉市的门户节点,形成武汉站示

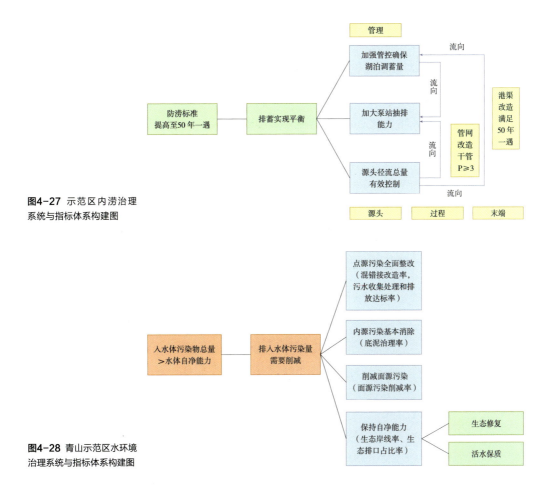

图4-27 示范区内涝治理系统与指标体系构建图

图4-28 青山示范区水环境治理系统与指标体系构建图

图4-29 青山示范区海绵城市建设总体结构图

范中心。"三轴"为依托垂江的工业大道、南干渠游园—工业大道以及杨春湖游园，形成"一横两纵"3条生态绿地示范轴线，串联3个示范中心。"两带"为充分利用东湖港、青山港以及长江等优质水域资源形成滨江堤防示范带和两河生态水城示范带，结合示范中心和生态轴线构建网络化海绵城市。"多点"指在各区域内形成若干具有典型海绵效应的示范节点。"八区"指根据区域资源特色划分和平公园片、南干渠片、棚改片、红卫路片、青山中心片、两河区域片、杨春湖片和滨江堤防片8个特色建设片区。在3年示范期内目标实现围绕和平公园和青山公园形成两个先期示范核心圈，以及滨江堤防示范带；在5年期内目标完善钢花新村和棚改新社区示范节点，塑造两河流域、南干渠沿线示范轴；在远景期内目标实现围绕武汉站形成示范中心，依托城市门户区位对外展示武汉的海绵建设成果。

（5）系统方案

首先对青山示范区的现状概况进行调查与评估，开展对内涝及水污染问题的定量分析，为解决问题明确示范区海绵建设的目标并转化为实现目标的相关指标，同步分析落实各指标的可行性、途径及具体要求，再结合社会效益、经济性等因素对实现目标的技术路线进行比选，根据技术路线将指标定量转化为初始项目库，对工程措施进行定量，最后按照紧迫性、难易度、片区效应、项目现场踏勘识别等进行项目库的统筹与整合，形成青山示范海绵建设的系统方案。

① 内涝治理方案

通过项目识别确定青山示范区海绵改造项目，通过源头项目海绵改造实现青山示范区年径流总量控制率达到70%以上，有效应对汇水区24.5mm降雨。

结合现状问题及目标指标识别出15个市政干管改造、泵站建设及水系整治项目。示范区主干排水管网能力基本达到3年一遇。

港西直排区通过新建港西二期泵站Q=53.8m/s，使港西一期、二期泵站总抽排能力达到77.6m/s，有效应对管网重现期P≥3年的管网末端峰值流量，实现50年一遇大雨排涝需求（303mm/d）。

青山引水区通过河道断面整治保证河道过流能力满足50年一遇24小时降雨需求，结合东沙水系调度方案，通过汛前、汛中、讯后调度实现汛前湖泊水位控制达标率100%，保证流域湖泊调蓄量有效应对汇水区211mm降雨，泵站抽排能力有效应对汇水区70mm降雨，结合源头减量，建成后能有效应对50年一遇大雨（303mm/d）。

对于武汉市第49中学及钢城二中等局部低洼地，在系统工程的前提下，通过阻隔外水、内部提标等措施来降低渍水风险。

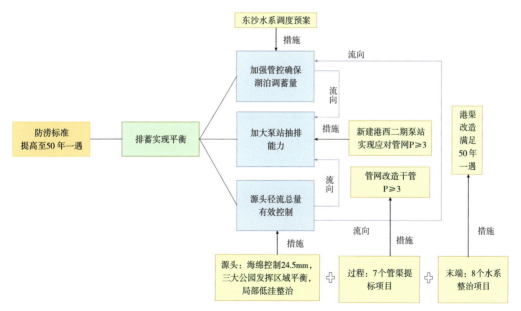

图4-30 内涝防治工程体系图

② 水环境治理方案

青山示范区水环境提升从控源截污、内源治理、生态修复、活水保质及长制久清5个方面来推进，实现消除黑臭水体、各水体COD指标达到Ⅳ类的目标。

控源截污从点源和面源污染控制两个方面着手，点源污染控制通过完善9km污水收集管网、改造2座污水泵站、全面截污45个涉污排口、整改176处市政混错接和100处源头地块内部混错接，实现混错接全整改和污水全收集、全处理。面源污染控制主要通过166个源头项目及规划管控区的海绵设施滞蓄净化雨水实现源头减排及面源污染削减率50%。

内源治理根据底泥监测报告，通过绞吸式挖泥船疏浚、水力冲挖疏浚及排水明挖3种形式对港渠底泥主要污染释放层进行100%清淤清除，在提高港渠过流能力的同时，有效削减污染，提高水体生物多样性，6条港渠共计划清淤72.62万m³，淤泥采用脱水固结一体化及就地搅拌固结两种方法处理，处理后根据淤泥性质进行卫生填埋或土地利用。

生态修复包括约17.90公里生态驳岸建设、雨水排口生态改造、河道内设置人工浮岛及各类湿地开展修复等。

青山港是长江和东湖水体交换的重要通道，同时是武钢生产用水的引水渠道，在确保入河污染量控制的前提下，通过引水调度，进一步提升水体流动性，促进水体自净。长制久清通过河湖长制严格落实《武汉市湖泊保护条例》《武汉市中心城区湖泊"三线一路"规划》等河湖管理制度来保障治理效果（图4-31）。

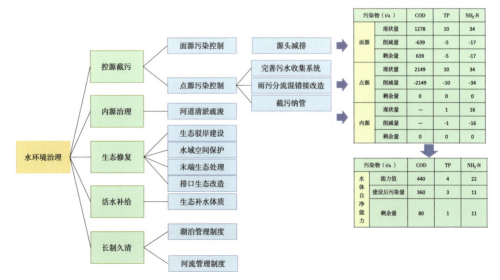

图4-31 水环境治理工程体系图

③ 排水分区建设方案

为合理分配及平衡各排水分区之间的排水压力，根据示范区的汇水分区、生态格局、竖向高程、雨水管网等系统分析，结合示范区的总体规划定位，在港西直排区及青山引水区两个汇水分区基础上，将港西直排区分为6个排水分区，青山引水区分为3个排水分区，对每个排水分区分别介绍片区概况、问题及海绵建设方案（图4-32）。

④ 成效预期

建立青山示范区排水模型，进行模型率定，通过模型评估系统方案建设成效。

内涝治理预期评估：1）源头减排后，典型区域3年一遇径流外排峰值削减20%以上，径流峰值延后20min以上，降雨量越小改造效果越明显。示范区径流总量控制率达到70%以上。2）改造后示范区69.3%的管渠排水设计降雨重现期达到P≥1水平，排水设计降雨重现期P≥3的管网占比由16.2%上升至48.3%，其中P=5的占比达到33.8%。3）改造后1号明渠、2号明渠、青山港、东杨港、东湖港过流能力均满足50年一遇303mm降雨设计需求。4）改造后港西直排区和青山引水区均可以实现排蓄平衡，内涝风险降低，有效应对50年一遇大雨排涝需求（303mm/d）。

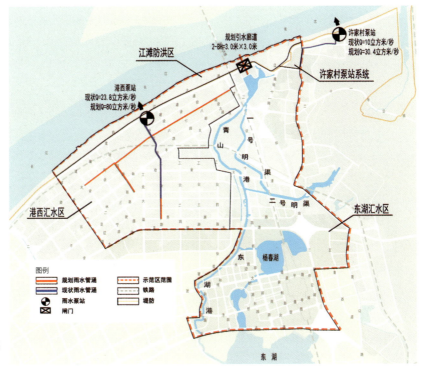

图4-32 青山示范区排水分区图

黑臭水体治理预期评估：① 污水混错接、直排情况和内源污染基本消除，面源污染削减率整体达到50%以上，满足污染物削减目标要求；② 进入示范区水体的年污染物总量小于水体自净能力，黑臭水体可以消除，各水体COD指标可以达到Ⅳ类。

青山示范区海绵改造项目选定的"源头减排+过程控制+末端治理技术方案"工期保障可控，投入资金较少，且改造面积广，对城市生态及环境提升效果较好，具有良好的可行性。通过青山示范区的海绵城市建设，预期改造提升的面积约13.8平方公里，辐射区域覆盖整个示范区23平方公里，提高约28万人的生活环境。

（6）基本项目库

① 基本项目库内容

青山示范区海绵城市建设除了打造集"渗、滞、蓄、净、用、排"为一体的综合雨水系统外，还应将水污染控制系统和防洪系统纳入，构建覆盖全区域、全过程的海绵城市基本项目库。示范区项目库关系如图4-33所示。

梳理示范区项目库时，应秉承以下原则。

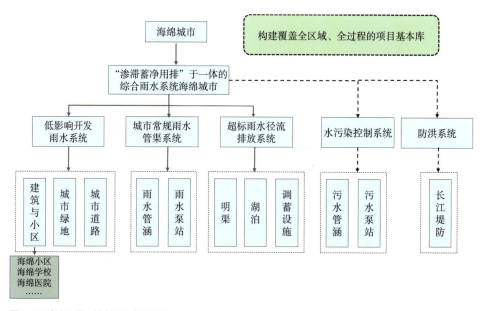

图4-33 青山示范区基本项目库关系图

1)覆盖全面原则:海绵城市建设目的之一是削减面源污染,做到面源污染不留死角,通过海绵城市建设,综合采取"渗、滞、蓄、净、用、排"等措施,最大限度地减少城市开发建设对生态环境的影响,将降雨就地消纳和利用。

2)项目清晰原则:由于海绵城市建设类项目繁杂,涉及建筑小区、城市道路、城市绿地、城市水系等各个方面,为便于后期实施,需梳理出清晰的项目库,便于统筹推动青山示范区海绵城市建设,提升区域城市品质,满足国家关于海绵城市建设示范区的考核要求。

② 低影响开发项目库

按照建设的先后顺序将地块分为5个类别,即已建保留区、已建拟更新区、未批未建区、已批未建区和已批在建区。不同类别采用不同的推进方式。

已建保留区,指近些年新开发建设的地区或符合规划现状整体品质较好可以整体保留的地区;已建拟更新区,指已被列入拆除重建的现状房屋破旧、布局凌乱、基础设施配套不足、安全隐患突出的地区和棚户区;未批未建区,指没有用地审批信息且未开发建设的地区;已批未建区,指已取得建设用地规划许可证或建设工程规划许可证,但尚未开工建设的地区;已批在建区,指正在施工建设但尚未竣工的地区。

建筑与小区低影响开发基本项目库:建筑与小区类改造项目共计644个,总用地规模1225.66hm^2(表4-8、图4-34)。

建筑与小区项目建设情况一览表　　表4-8

项目类别	项目数量(个)	项目规模(hm^2)	规模占总用地比(%)
已建保留地块低影响开发项目	278	475.51	38.80
已批在建地块低影响开发项目	40	82.62	6.74
已批未建地块低影响开发项目	27	70.93	5.78
已建拟更新地块低影响开发项目	234	460.20	37.55
未批未建地块低影响开发项目	65	136.40	11.13
合计	644	1225.66	100

图4-34 建筑与小区项目建设情况分类图

公园绿地低影响开发基本项目库：公共绿地类项目共计217个（含水域项目9个），总用地规模653.56hm²。主要包括滨江公园、和平公园、天兴洲大桥公园、青山公园、杨春湖公园等（表4-9）。

公共绿地项目情况表　　　　　　　　　　　　　　表4-9

项目类别	项目数量（个）	项目规模（hm²）	规模占总用地比（%）
已建保留地块低影响开发项目	73	300.28	45.95
已批在建地块低影响开发项目	8	29.75	4.55
已批未建地块低影响开发项目	6	32.38	4.95
已建拟更新地块低影响开发项目	116	250.92	38.39
未批未建地块低影响开发项目	14	40.23	6.16

（7）建设时序统筹

在对所有项目进行整体建设时序梳理基础上，按照"短缺型基础设施优先、典型示范性工程优先"的原则，优先推进内涝防治工程和水环境改善工程，优先推进示范区和

图4-35 低影响开发改造建设时序图

亮点区工程，同时考虑大型基础设施建设年度计划、城市功能区建设计划、工程建设难度等影响因素，与城市功能提升、环境优化的同类项目协同，确定青山示范区建设时序如图4-35所示。

（8）实施保障

① 设计分片

1）分片原则

分片打包，方便统筹。综合考虑建设区域的功能特征，结合行政区划及给排水管网走向，实施分片打包，形成"一片一主体"设计承包制，利用各片主体统筹各片前期项目设计。

面积均衡，特点突出。综合考虑后续建设工程量，将各片总面积适度均衡化，且重点突出建设区域不同功能特征，形成不同特色功能的片区改造。

2）推进模式

通过招投标的方式，确定每一片单一统筹的设计单位，从而明确责任主体。各中标设计单位统筹安排各自片设计任务，同时形成各主体间互动竞争、技术提升的竞争与协作关系，从而达到通过示范出经验、出技术的目的。

3）分片概括

结合街道管辖范围、排水管网走向，突出建设区域功能特征，结合建设规划总体布局，将整个示范区划分为滨江堤防片、红卫路片、和平公园片、青山中心区、南干渠片、两河流域片、棚改片、杨春湖片8片。

② 分类督导

1）对新建项目的海绵建设督导

新建项目主要由规划部门、水务部门、建设部门、发改委负责，从项目规划审批到后续设计、建设施工分阶段督导。

2）对已建保留区项目的海绵建设督导

根据各地块不同用地属性，对应相关行政职能部门，使相关行政职能部门作为协调主体，对实施地块海绵城市改造进行分类督导。其中城市道路海绵改造由区建设局负责督导实施；公园广场海绵改造由区园林局负责督导实施；社区海绵改造由区房管局负责督导实施；学校海绵改造由区教育局负责督导实施；文体设施海绵改造由区文化局负责督导实施；医院海绵改造由区卫生局负责督导实施；其他企事业单位海绵改造由街道办负责督导实施。

在实施过程中，如出现协调困难情况，宜由该地块权属单位的政府主管部门协调，督导实施。

③ 连片建设

根据"老城区以问题为导向，以点带面"的建设思路，同步突出示范区"三心 三轴 两带 两心"的结构模式，青山示范区以特点突出、差别建设、就近整合的建设策略，提出三级建设强度。其中，核心改造区主要集中在示范考核路线内的地块全覆盖、重点建设；中心改造区以每一划片自身特点为中心，突出建设；一般改造区主要针对改造条件较差区域，适度地开展建设。

示范区建设在分片设计基础上以街区为单元进行项目整合，突出连片效应，避免"碎片化"。鼓励有实力的科研设计单位、施工企业、制造企业与金融资本相结合，组建具备综合业务能力的企业集团或联合体，采用总承包等方式统筹组织实施海绵城市建设相关项目。这一总承包连片建设模式可以方便施工组织、高效组织施工设备、建筑材料的协调利用。示范区现状改造项目在建设过程中应参照新加坡在实施"ABC水计划"时，对原建筑废料的循环利用模式（图4-36、图4-37），同步探索废旧基料就近回收利用。

图4-36 新加坡在实施"ABC水计划"建筑废料循环利用案例（一）

图4-37 新加坡在实施"ABC水计划"建筑废料循环利用案例（二）

4.2.3 市政专项规划中海绵城市的编制案例——以武汉市金口新城为例

水量与水质控制是城市建设中必须面对的问题，市政专项规划中海绵城市的编制主要侧重于对水量和水质进行协调。其中，水量控制在于避免城市内涝，水质控制在于避免水环境污染。以往的城市规划编制体系中，内涝防治主要通过编制雨水防涝专项规划实现，水质控制主要通过编制污水收集处理专项规划实现。但是随着海绵城市、国土空间规划双评价等规划理念的不断更新，如何在保证雨水防涝的时候实现径流污染控制，如何实现真正意义上国土空间规划双评价中的水环境资源要素的定量分析评价，从而实现"以水定城"，是贯穿于城市规划全过程的课题。本节选用武汉金口新城作为典型案例，剖析市政专项中海绵城市内容的编制方法。

（1）问题与挑战

① 内涝防治

以往城市规划中，内涝问题的防治一般列入雨水防涝专项规划予以解决。但是内涝问题的解决不仅需要修建管道、泵站等工程措施，还需要城市与之配套的综合防治措施，需要尊重原有水文规律的城市建设、合理的城市竖向营造、利用可作为雨水排放与调蓄空间的公园绿地等，一起实现内涝防治的目标。但是以往城市规划中过分依赖工程措施排水，对于城市综合防涝措施的研究较少，如何从综合防涝角度利用、引导城市空间发展，是滨水地区城市规划中亟待解决的问题。

② 水质保护

即使实现城市中生活生产污水的全收集、全处理，但由于城市发展必然带来面源污染，很多城市发展中都会面临水环境变差、水生态遭到破坏等问题。一旦水体出现水环境问题时，城市会采取各种工程措施以图改善，往往耗时长、效果慢，进而造成"黑臭水体"，使得水资源的优势变为城市发展的劣势。所以，当前如何从水体角度，以水体承载力作为城市规划的控制要素，避免水污染、缩短水质恢复期，需要在规划阶段进一步开展研究探索。

③ 生态景观

本次规划范围内的水系发达，具有良好的自然资源和生态本地。以往城市规划和建设中会划定蓝线和绿线，基本实现水体空间的保护，并会利用绿线空间实现一定的景观功能。这些规划手段，主要是从城市需求角度最大限度地实现水体和滨水空间的价值。但城市蓝绿空间并不只是承担景观功能，还承担排水防涝、污染削减等功能，如何通过城市规划，将城市生态景观功能和内涝防治、水质保护等目标结合，一方面提升城市空间景观品质，另一方面充分发挥城市生态景观体系在工程规划体系中的作用，也是水量水质协同控制规划需要研究的内容之一。

（2）各规划要素分析

① 水量水质控制与传统市政工程

传统市政工程规划中涉及水量水质主要为雨水管网专项规划和污水管网专项规划，两者主要内容分别是研究城市雨污水系统布局、确定雨污水收集管网路由和规模、计算抽排泵站和处理厂规模、划定控制泵站和处理厂等雨污水排放处理设施用地范围。通过雨水专项规划和污水专项规划解决城市雨水收集、排放的问题，解决污水收集、处理和排放的问题。

雨污水专项规划是水质水量控制的关键措施。实际规划编制中，雨污水专项规划往往作为市政配套工程，被动根据用地规划的调整而调整，随着用地规模的增加，沿着道路不断加大排水管网等级和末端抽排、处理设施的规模，由此随着城市规模不断扩大，城市内涝、水污染问题陆续出现。

② 水量水质控制与城市用地布局

城市用地布局的决定因素多种多样，历史、区位、功能定位、地形地貌等因素会对城市用地布局产生影响。城市水量水质控制中关于城市用地布局的研究内容主要是分析原有状态下规划范围内的水敏感区，充分协调建设用地与水要素之间的关系，实现水与城市的共生共存。在规划中，重点处理水敏感区与建设用地之间的关系，细化滨水区域用地结构与城市空间形态，充分保证城市安全，做到两者相得益彰。

具体来说，选择城市建设用地必须要考虑初始水文影响。择高地而居，是古人对城市选择的经验总结。现在虽不能完全做到在高处建城发展，但至少应该避开较大的雨水径流通道、容易产生内涝问题的低洼地等水敏感区。对于城市雨水排放口、径流通道入湖或入河排口处，要预留生态湿地，作为水边半塘，起到水体保护的作用。具体编制方法上，市政专项规划适当提前，特别是在总体规划阶段参与编制，提出应予以保留的城市径流通道，对城市防灾和风貌塑造都具有非常重要的作用。

③ 水量水质控制与城市竖向

竖向规划是城市规划的重要内容之一，目的是通过竖向引导，构建自然、立体、安全的城市地形，主要用以解决建设用地空间和平面之间的冲突，可起到城市防灾的作用。水质水量控制中关于水体本身的主要研究内容，一是结合湖泊规划控制水位设定城市标高基准，二是通过合理城市竖向，构建大排水系统，预留城市超标径流通道。其中超标径流通道是以往城市规划中容易忽略的内容，主要指当城市遭遇超过管道排水能力的特大暴雨，在管网系统已经满负荷运行的情况下，通过地面构建的径流通道排水、地表水体或绿地蓄水，使城市避免洪涝灾害。

④ 水量水质控制与水体本身

开展"资源环境承载力评价"和"国土空间开发适宜性评价"是新时期国土空间规划的基本要求之一。根据生态环境容量科学确定城市规模，控制城市规模无限扩大是建设宜居城市的重要途径。

城市水量水质控制中关于水体本身的研究内容主要是水体空间形态、水系结构、汇水区域和环境容量等内容。在规划中，通过梳理水系结构和汇水区域研究规划区在水系结构中的位置，确定规划区建设直接影响的水体；通过收集历史数据和测量资料，分析水体历史洪水位，划定水体蓝线，确定水体保护空间；核算水体环境容量，研究水环境容量承载力，从整个水体汇水区角度提出规划区的建设用地规模和开发边界。

（3）海绵城市规划编制实践

武汉金口新城位于武汉南部，属于临湖的丘陵地形，规划面积18平方公里，其中现状建成区面积约占总用地面积一半。金口新城南侧紧邻后湖，对金口新城开展水量水质的协同研究，核心目的在于避免城市内涝、保障后湖水体空间和水环境质量。

① 总体规划阶段

1）基于水文状态研究的城市建设用地布局

选择城市建设用地必须要考虑初始水文影响，按照以下步骤开展技术分析：第一步，根据现状地形，确定汇水分区；第二步，根据自然坑塘、沟渠，描绘汇流路径；第三步，划定地势低洼区域等水敏感区，建议布置绿地或城市水系，并对周边其他用地的布局提出建议。

对于径流通道，重点在于连续性的控制，并研究与城市景观的融合。金口新城在总体规划伊始，依据现状地形和雨水径流方向梳理出5条主要雨水廊道，并在用地规划布局阶段通过绿地形式予以落实，并在后期城市设计阶段建议据此打造城市特色景观（图4-38～图4-41）。

2）基于水环境容量的城市用地规模论证

世界各地大量城市发展的事实表明，即使实施了污水收集处理系统，但是城市发展造成的径流污染仍会影响临近的水体。为科学论证金口新城受纳水体（后湖）水环境容量对规划区域建设规模的承载能力，对金口后湖水环境承载能力进行了论证。

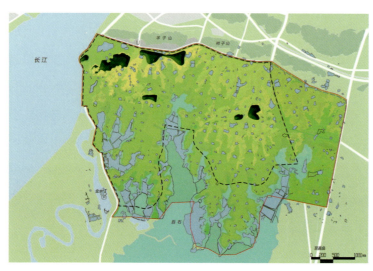

图4-38 基地内现状水资源梳理

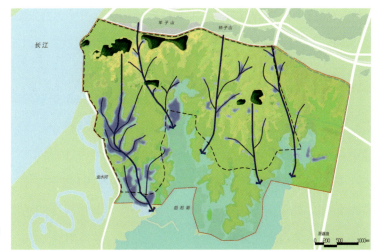

图4-39 基地内雨水径流路径梳理

图4-40 基地内路网布局与径流路径协调示意图

图4-41 基地内景观廊道与径流路径协调示意图

按照模型计算的方法,当城市建设用地面积占比达到25%的时候,径流污染中TP浓度将达到0.051mg/L,超过地表Ⅲ类水体污染限值,此时湖泊水质将逐渐从Ⅲ类转为Ⅳ类。

按照统计分析的方法,通过对武汉市Ⅲ类转为Ⅳ类湖泊周边建设用地统计方法发现,当湖泊汇水范围内城市建设用地占比平均达到17%时,湖泊水质极有可能从Ⅲ类转为Ⅳ类。

考虑到污染防控可以通过强化的污染控制手段和低影响开发等方式进行削减,本次总体规划中建议建设用地(不含绿地)按照不超过其受纳水体汇水面积的20%进行控制。所以,金口后湖总汇水面积40平方公里,建设用地面积(不含绿地)不宜超过8平方公里。

② 详细规划阶段

1)构建蓄排平衡的排水防涝体系

a. 确定受纳湖泊的调蓄能力

湖泊调蓄能力的构建与发挥是整个城市排水防涝体系中的重要一环,充分发挥湖泊调蓄能力,直接关系到金口新城的排涝安全和整个防涝体系的总体投资。湖泊排涝能力发挥的关键在于合理确定湖泊控制水位,湖泊控制水位需要保证常水位时满足景观功能,最高控制水位时保障城市安全。利用汛前控制水位和最高控制水位之间的调蓄库容与抽排泵站结合,满足城市排涝需求。

根据近50年数据,后湖历史最高水位21.15m(黄海高程,下同),最低水位17.19m,多年常水位19.00m。根据已经划定的蓝线,后湖水面控制面积6.78平方公里,最低水位到历史最高水位之间调蓄库容V_1约为2686万m^3,而多年常水位到历史最高水位之间调蓄库容V_2约为1457万m^3。

而金口新城及其所在的后湖流域整体排涝标准为有效应对50年一遇303mm降雨,在考虑综合径流系数0.8的情况下,需要的调蓄容积V为970万m^3。将V与V_1、V_2对比发现,即使将多年常水位作为汛前水位进行控制,依然可以满足防涝标准情况下的雨水调蓄空间。

b. 确定泵站外排规模

在湖泊调蓄可以满足城市防涝目标的前提下,外排泵站的作用主要在于汛后对湖泊水位进行调控。此时考虑抽排时间的主要依据是农田地区的防涝以及超标降雨情况下的城市防灾，比如采用50年一遇303mm降雨一日降雨五日排完的标准，则外排泵站规模为 $Q=V/（5×86400）=22.5m^3/s$。

c. 确定市政雨水管网布局

雨水管网布局是传统雨水专项规划内容的主要部分，主要是结合地形地势，沿道路敷设雨水管网。除按照推理公式方法确定管网规模外，在管网布局阶段，宜结合主干道路敷设主干管网，主要原因一是主干道路地下空间较为充裕，另外主干道路一般先于次支道路实施，从工程协调角度，也可以保证雨水主干通道尽早实施。但该方法并不绝对，对于敷设于地形较低位置的主干雨水管网，应建议尽早实施。

2）构建城市污水与径流污染协同控制的水环境保障体系

a. 确定市政污水管网布局

新规划区域应按照雨污分流方式，在规划区内实现污水管网全覆盖。污水管网的布局与雨水管网布局类似，主要是结合地形地势，沿道路敷设。不同之处在于，污水管网布局需要考虑整个地区的污水系统布局，尽量使得污水排向污水处理厂的方向。如果受限于地形，污水管网难以直接排往污水处理厂，则需要在污水管网埋深达到一定程度时，布置污水提升泵站，将污水提升后排往污水处理厂。

b. 低影响开发的面源污染控制体系

尊重原有自然地形，尽量避免破坏原有水文循环的规划方法都是低影响开发的方法。低影响开发的理念应当贯穿于规划始终，在此处专指原有坑塘湿地的保护和新建项目的源头面源污染管控。

关于坑塘湿地保护，即利用现有坑塘，结合城市设计，保留作为湖边伴塘，一方面作为雨水净化湿地，另一方面可作为超标雨水的雨洪滞留控制区。

关于新建项目的源头面源污染管控，建议在详细规划阶段，将该项指标进行固化，为下一步土地出让时的规划条件制定提供依据。金口新城规划中，将该项指标通过海绵城市的核心指标——年径流总量控制率的方式加以控制，整体上保证"全年降雨径流污染物浓度＜受纳水体水质"的目标，以此确定新建项目年径流总量控制率不应小于75%。

c. 湖边伴塘体系

为防治径流污染，利用湖边绿线空间，结合径流通道、雨水排放口，构建湖边伴塘体系，即在所有水体排口处结合湖边原有鱼塘、绿地，控制一定规模的湿地，对入湖的雨水进行过滤。湖边伴塘是雨水径流进入湖泊的最后一道污染控制措施，对提高湖泊是抗污染能力，提升湖泊水景观品质具有重要作用。对于新的规划区，在规划中切忌在临水一线建设建筑，切忌将城市雨水管道直通湖泊排放。

3）构建顺应自然的竖向防灾体系

a. 城市建设用地标高体系

在湖泊调蓄能力核算部分已论证，采用多年常水位19.00m作为湖泊汛前控制水位。经核算，50年一遇降雨强度带来970万m^3的径流总量，将导致湖泊水位上升1.40m，此时湖泊水面高程将达到20.40m。规划建设用地及道路高程应高于湖泊防涝控制水位1.50m，即临湖建设用地和道路高程应至少达到21.90m。

通过对比可知，建设用地控制高程21.90m高于湖泊历史最高洪水位21.15m，说明在该高程体系下，可以保证城市安全。

b. 超标径流防灾体系

水量水质控制中超标降雨防灾体系构建的核心在于分析城市地形，构建大排水系统，预留城市超标径流通道。通过对金口新城地形地势分析，已在城市总体规划阶段预留了径流通道，详细规划阶段需要更细化的分析，一方面落实径流通道，另外需要分析判断规划建设区内的内涝高风险区，提出内涝高风险区防灾的规划措施。

通过对金口新城规划范围的分析，发现整体地形北高南低，对排水较为有利，但南侧临湖区域局部位置由于地势低洼，如不采取适当措施，在城市建成后必将成为内涝高风险区域。为此，一方面尊重既有的自然地形和肌理，结合用地规划，合理确定道路高程，使得道路高程北高南低，在出现极端暴雨情况下，路面可作为雨水排放的辅助通道；另一方面，分析出内涝高风险区，提出后期建设高程要求，并通过城市道路或绿化为内涝高风险区预留超标径流通道（图4-42、图4-43）。

在建设用地基准高程体系和超标径流体系确定的情况下，在尽量尊重自然的前提下，分区考虑城市建设中的土方平衡，最终确定整个建设区的竖向高程体系，实现自然、立体、安全的城市地形塑造。

城市规划中，水量水质协同控制规划目的在于避免城市内涝，协调城市发展与水环境保护之间的关系。规划方法并不是对雨水专项规划和污水专项规划的简单整合，而是从过去以管网、厂、站等为核心的工程导向规划过渡到以内涝防治和水环境保护为核心

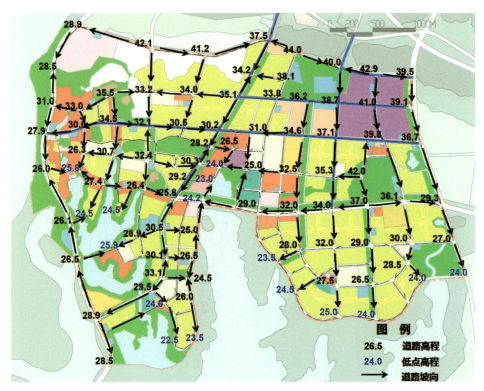

图4-42 基地内城市道路高程及坡向示意图

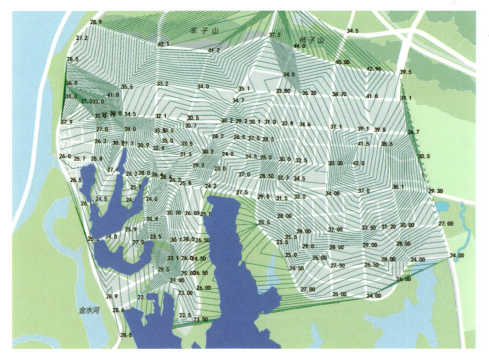

图4-43 基地内竖向控制图

的问题导向规划。规划编制过程不再是工程的整合,还包括对城市空间布局的要求,即通过调整用地布局、预留径流通道、保护伴塘湿地、控制竖向高程等方式,整体打造安全、宜居的海绵城市。

4.2.4 海绵化改造方案编制案例——以青山区钢花新村118社区为例

钢花新村118社区位于武汉市青山海绵城市试点区,社区建于1998年,总用地面积为12.53hm^2。社区居民主要以武钢集团老年职工为主,老年休闲设施较为齐备,内部均为多层住宅,整体建筑密度较低,容积率1.4(图4-44、图4-45)。

社区下垫面主要为建筑屋面、硬质铺装、水域和绿地,虽然绿地占比较高为33%,

图4-44 钢花新村118社区卫星图

图4-45 钢花新村118社区现状布局图

但是整体形式较为单一，部分绿地硬化为停车场地、裸露地等，绿地的滞蓄功能没有得到充分发挥，且现状雨水排放主要利用硬化路面及硬化铺装收集，直接排入市政排水管网。

为全面推进海绵城市试点建设，2016年3月武汉市政府发布《武汉市海绵城市建设试点三年实施方案》，作为武汉市青山海绵示范区的一处典型老旧社区，118社区海绵改造和社区整体环境品质均有较大需求，该社区的改造项目随即被列入其项目库，计划开展海绵城市改造。

（1）需求分析

① 径流控制需求

118社区位于青山海绵示范区，需满足区位的功能需求和指标要求，结合小区内部现状下垫面条件分析，其年径流总量控制率为47%，根据《武汉市青山示范区年径流总量控制规划》该片区的年径流总量控制目标不应低于70%，需采取源头减排措施改善下垫面条件，加强雨水径流控制。

② 污染削减需求

118社区属港西系统，雨水经管网收集后由港西泵站抽排出江，汇水区多为老旧社区，下垫面综合条件较差，雨水径流污染对长江水环境产生了一定的压力，社区位于汇水区源头，需进行下垫面改造削减径流污染。

③ 环境改善需求

118社区建筑年代较早，整体较为老旧。部分设施未得到有效维护，尤其是宅前宅后等区域绿化品质较低，部分绿地存在硬化裸露现象，整体绿化景观条件较差，需针对道路两侧绿带、广场绿化和绿地进行改造，同时在部分集中绿地区域增设景观化海绵设施。

④ 品质提升需求

小区内现状停车位严重短缺，导致低层住户部分公共绿地"私人化"现象较为严重，改造需综合考虑小区功能需求，在征求小区业主意见后考虑取消绿地内硬质停车场地，并规划组团停车场。

(2)海绵改造目标与原则

① 设计目标

该社区海绵改造根据《武汉市海绵城市专项规划》确定控制指标,其中年径流总量控制目标不低于70%,面源污染削减率控制目标(以SS去除率计)不低于50%。

② 改造原则

1)精细规划,目标可达

统筹考虑社区海绵改造作为源头控制工程对系统海绵工程建设的作用,保证区域海绵城市建设满足目标要求。

2)因地制宜,环境提升

综合分析社区现状条件和实际问题,采取适宜的海绵改造措施,将海绵改造与景观提升相结合,有效改善社区居住环境。

3)功能保障,便利居民

建立与居民良性沟通机制,综合居民意见。项目实施应考虑最大限度地减少对周边环境的影响,同时满足停车等功能需求。

(3)海绵设计

① 现状分析

118社区下垫面分为建筑屋面、硬质铺装、水域和绿地,通过对小区内部现有下垫面的面积统计结果(表4-10),根据每类下垫面对应的年均径流系数,计算小区的综合年均径流系数为0.53,现状年径流总量控制率为47%。

小区现状综合年均径流系数计算表　　　　表4-10

118街坊下垫面	建筑屋面	小区道路				地面铺装			绿地			现状水域	合计
		主路	组团路	宅前路	入户路	广场硬质	小区内零散硬质	植草砖	集中绿地	宅前/宅后	道路两侧绿化		
现状建设面积(m²)	26190	5930	5254	5123	1843	3703	22787	1714	5494	30297		365	102300
年均径流系数	0.8	0.8	0.8	0.8	0.8	0.6	0.6	0.4	0.15	0.15		0.8	0.53

小区建筑屋面和道路的改造难度较大,一是由于低层违章搭盖较多,基本为平屋顶,同时楼道与屋顶不连通,导致绿色屋顶难以发挥最大的景观环境效应,且改造难度大;二是因为小区干路承载小区主要交通活动,如进行改造将对居民生活和出行影响较大,同时因支路距两侧建筑间距较小,道路无较好的改造条件。

小区绿地和铺装可根据其现状情况和居民综合意见进行改造,绿地改造考虑保留小区内绿化品质较高的区域,主要针对道路两侧绿带、广场绿化和宅前宅后绿地进行改造,铺装改造主要针对活动广场、宅前铺装和组团停车场。一是采用透水混凝土或透水铺砖进行铺装改造,二是将分散硬质裸露地恢复为绿地,三是考虑取消绿地内硬质停车场地,规划组团停车场。

② 系统方案

1)汇水单元指标分配

小区内部雨水分3个汇流区,雨水经3个接口接入外围市政管网,分别经建设二路、建设三路排入罗家港出江。在此基础上对三大排水分区再细化,以单栋建筑、落水管位置、前后绿化等作为划分汇水分区的依据,将其划分为38个汇水分区(图4-46)。

图4-46 钢花新村118社区雨水汇流分区图

以38个汇水区为单元进行单元内部的下垫面再解析，为后续海绵性工程方案的选择以及调蓄空间的分配提供基础（表4-11）。

各分区下垫面分解一览表　　　　表4-11

分区编号	总面积（m²）	建筑屋面（m²）	建筑外围0.5m硬地（m²）	硬质铺装（m²）	主干路（m²）	组团路（m²）	支路（m²）	入户路（m²）	植草砖（m²）	绿地（m²）	水域（m²）	现状径流系数
1	2628	462	68	356	364	110	163	134	0	971	0	0.49
2	1599	482	64	287	0	51	112	31	0	572	0	0.48
3	1960	684	103	180	0	66	56	0	791	80	0	0.41
4	1959	721	124	445	0	68	138	17	0	446	0	0.55
5	1391	386	73	290	0	0	82	6	0	536	0	0.44

2）系统设计

结合38个汇水区的下垫面和每类下垫面改造条件评估，初步结合各汇水分区的实施条件在每一汇水区内对海绵改造设施进行定位。

以年径流总量控制率70%为目标，判定各汇水区内的径流控制缺口和富余，通过各汇水区之间的关联平衡确定每个单元的控制目标，针对有缺口的单元，再根据改造后的场径流系数，利用容积法计算每个汇水区地块内所对应的需蓄水容积，核算径流控制规模，径流控制缺口可制定相对应的滞蓄设施进行补偿，最终得到各汇水单元内各海绵设施的规模，如表4-12所示，结合各节点的现状特征制定相应的具体改造方案（图4-47）。

容积法计算公式：

$$V=10H\phi F$$

式中，V——设计调蓄容积或需蓄水容积，单位：m³；

H——设计降雨量，单位：mm；

ϕ——场均综合雨量径流系数；

F——汇水面积，单位：hm²。

分区详细设计表　　　　　表4-12

分区编号	总面积（m²）	透水铺装面积（m²）	硬质铺装（m²）	新增绿化（m²）	改造后场径流系数	70%目标控制（容积法）（m³）	雨水桶（个）	下沉式绿地面积（m²）	滞蓄空间（m²）	雨水花园面积（m²）	总调蓄容积（m³）
1	2628	31	103	222	0.55	36	3	83	12.45	80	36
2	1599	211	38	38	0.53	21	3	71	10.65	35	22
3	1960	0	180	0	0.61	29	4	56	8.4	84	33
4	1959	0	276	168	0.66	32	3	200	30	0	33
…											

图4-47　钢花新村118社区海绵城市源头改造设施布局图

3）关键节点设计

综合考虑小区的建设年代和现状建设情况，改造主要集中在公共活动中心、停车场、集中式绿化、宅前绿地等方面，并在改造规划方案中将小区景观提升、道路体系梳理和解决车行与步行混杂问题等一并解决。

a. 小区公共活动中心改造

小区公共活动中心位于小区景观水体旁，通过整体改造实现活动中心的景观综合提升。在保持其现有景观性和功能性的基础上，通过提高铺地高程，沿活动中心外围形成下沉式绿带，利用集中绿地建设雨水花园，对景观水体进行维护，形成蓄水池，将中心内部有条件区域的步道及活动广场铺装替换为透水材质（图4-48、图4-49）。

b. 集中式绿地改造

选取具备较好改造条件的集中式绿地，布置雨水花园以及旱溪等生物滞留设施。在集中绿地的东南部，建设L形生物滞留设施，L形设施末端连至现状雨水口，同时将现状雨水井盖改造为溢流口（图4-50、图4-51）。

c. 宅前绿化

宅前绿化的综合改造主要采用透水铺装、下沉式绿带和雨水桶等方式。由于屋面排水立管被封闭情况明显，采用雨水桶将落水管断接回用，将单元入户口处道路铺装改装为透水铺装，于宅前路和入户路两侧设置下沉式绿带或雨水花园等（图4-52）。

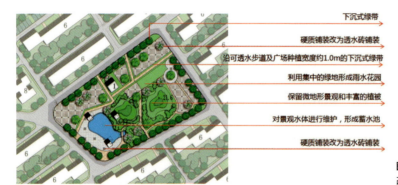

图4-48 小区公共活动中心改造详细设计图

图4-49 小区公共活动中心改造效果图

图4-50 集中式绿地改造详细设计图

图4-51 集中式绿地改造效果图

图4-52 宅前绿化改造效果图

d. 停车场改造

在满足小区停车功能需求的前提下，取消绿地内硬质停车场地，沿组团间的道路集中布置停车场，并铺设透水水泥混凝土铺装，停车场内侧设置1.0m宽下沉式绿带（图4-53）。

图4-53 利用现状空地改造停车场效果图

4）评估分析

根据容积法对年径流总量控制率进行校核，该方案小区内年径流总量控制率超过70%，对应设计降雨量24.5mm；初期雨水可全部通过区域内绿化、土壤过滤；年SS控制率超过50%，同时该项目共设置了162m³雨水收集桶，雨水回用率超过10%（表4-13）。

各汇水区域海绵城市建设技术措施分析表 表4-13

项目名称	规划用地面积（m²）	雨水控制厚度（mm）	综合雨量径流系数	径流控制总量(m³)	透水铺装面积(m²)	下凹式绿地面积(m²)	雨水花园(m²)	雨水桶(个)	总调蓄容积(m³)
118街坊	102300	24.5	0.55	1378	6773	3826	2450	162	1381

注：本表中雨水控制厚度选用武汉市年径流总量控制率70%，对应场降雨量24.5mm计算。本次计算屋面、不透水地面雨水综合雨量径流系数取0.8，绿地径流系数0.15，透水铺装综合雨量径流系数取0.3，蓄水容积计算中下凹式绿地按0.15m深度，雨水花园按0.25m深度，雨水桶容积为1m³。

第5章

海绵城市规划管理体系

正是因为海绵城市是一种城市建设的理念，涉及建筑小区、城市道路、排水管网、城市水系、公园绿地等，需要在与其他工程结合中实现，所以海绵城市的建设对象多而复杂，几乎涉及城市建设的方方面面。本章主要从海绵城市管理的顶层设计入手，重点分析规划管控在海绵城市建设中的实现途径与作用，同时结合武汉实践经验分析规划管控的效果。

5.1 海绵城市管理的顶层设计

5.1.1 管理架构

海绵城市涉及财政、发改、规划、建设、水务、园林、城管、房管等部门，其建设对象包括建筑与小区、城市道路、公园绿地、城市水系等，其需要解决的城市内涝问题、水环境污染问题、生态修复问题乃至城市热岛效应等问题，与较多的城市管理部门相关；而在具体的海绵城市建设项目上，又需要城市规划、市政排水、风景园林、道路工程等较多专业的相互配合，所以为保证海绵城市建设推进顺利、各方面需要衔接得当。面对如此复杂的情况，如何在建设过程中协调好各部门，如何凝聚合力到海绵城市建设上？

为解决这一问题，住房和城乡建设部在《海绵城市建设技术指南——低影响开发雨水系统构建（试行）》提出："城市人民政府应作为落实海绵城市——低影响开发雨水系统构建的责任主体，统筹协调规划、国土、排水、道路、交通、园林、水文等职能部门，在各相关规划编制过程中落实低影响开发雨水系统的建设内容。"

武汉市为推进海绵城市建设工作从试点到全面的过渡与长效发展，最终实现全市的远期建设目标，在试点期间通过"一新一旧"两个示范区的建设探索和机制体制改革，形成了可复制和可推广的海绵城市模式体系。包括系统谋划：形成以系统方案、建设规划等顶层设计指引的建设思路；推进机制：形成确保海绵城市长效建设的推进机制，包括管理部门智能分工（成立专职机构）、建设项目管控制度、整套技术标准体系和本地适用的建设模式等，武汉市海绵城市试点建设期间探索了包括施工总承包、"+海绵"、PPP项目模式等多种建设模式，未来计划重点推动EPC和PPP模式的推广应用；行政决策：包括政府行使立法权力推动海绵城市政策制度法规化、颁布出台支持政策（海绵产业、海绵经济、专项资金等）、构建事中事后监管制度、构建严格追责的考核机制。根据国家提出的长江生态文明建设要求，武汉市深入贯彻生态优先、绿色发展的战略定位，制定了"长江武汉段大保护"和"建设滨水生态绿城"的发展方向，武汉市政府已将海绵城市建设和四水共治工程体系纳入"长江大保护行动计划"之中，构成了城市生态文明建设的指导理论和行动策略。

武汉市经过试点建设，构建了一整套涵盖规划指引、建设设计指导、运维指南的技术标准体系，实现了"从项目到标准"的本地化技术经验体系总结凝练。

武汉市海绵管控制度的设计秉承在现有城市建设管理制度上重点新增技术审查的思路，建立了以"三图两表"为代表性的自评、备案以及抽查体系。一方面通过制度文件将管控制度流程化、常态化、完整化，形成闭合的体系，完整覆盖了"两证一书"、发改立项、施工图审查、项目管理、竣工验收等各个环节；一方面充分发挥了武汉市设计实力雄厚的优势，促进设计单位创造学习的同时，保证了审查的严肃性，并践行了"放管服"的理念，不新增行政审批环节（图5-1）。

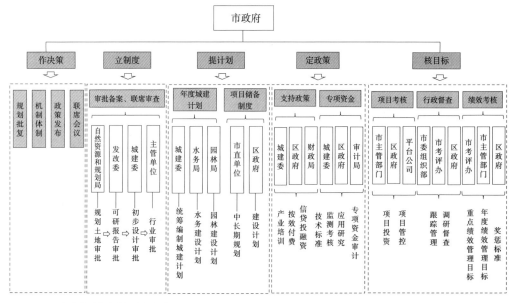

图5-1 武汉市海绵城市政策规章保障体系图

5.1.2 工作机制

武汉市海绵城市建设管理联席会议制度是在海绵城市试点建设期间,由市政府设置成立的海绵城市建设重大问题部门统筹解决体制。现经《武汉市海绵城市建设管理办法》《市人民政府办公厅关于加快推进海绵城市建设的通知》等政府文件要求,已成为海绵城市建设全市推进的协调机制,形成部门联动、市区一体的协调推进机制,负责行使市政府关于海绵城市建设工作部门协调与统筹权力。

(1)组织架构

武汉市海绵城市联席会议执行主体包括海绵城市建设工作领导小组、副组长和市直主管部门,其中领导小组组长由市政府副秘书长、市重点办主任、市城建委主任共同担任,副组长由市重点办副主任、市城建委副主任共同担任,各市直单位落实至责任人(图5-2)。

(2)主要职能

① 建设工作督查

武汉市海绵城市联席会议制度应强化部门联动机制,各市直单位定期对海绵城市建设工作进行督查,形成全市海绵城市推进工作进度报告。

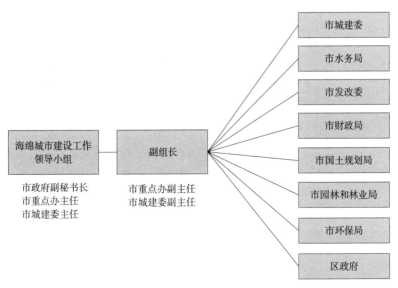

图5-2 武汉市海绵城市建设管理联席会议结构图

② 工作计划与部署

各市直部门汇总海绵城市建设相关问题，通过联席会议制度形成解决方案、工作计划和部署安排。武汉市城建委负责组织相关部门落实联席会议所制定的解决方案，代替领导小组完成工作部署与分工、计划安排、执行情况检查以及向上反馈等工作。

③ 体制机制调整

联席会议应负责武汉市海绵城市管理体制、工作机制调整和优化工作，结合试点区建设经验，及时总结海绵城市建设机制中存在的问题，并将相关问题上报市政府，提出调整建议。

5.1.3 海绵城市专职管理机构

为统筹协调海绵城市试点，持续推动武汉市海绵城市建设，国家海绵城市试点城市均设置了海绵城市的专职管理机构。武汉市采用的模式是设置专职的海绵城市和综合管廊建设管理处，以及海绵城市和综合管廊建设管理站。同时，各区政府结合工作推进的主要责任单位，成立区级海绵城市管理专职部门。

武汉市海绵城市和综合管廊建设管理处隶属于市城建局，履行武汉市推进全市海绵城市建设管理和统筹工作职能，具体的工作职能包括如下几个方面。

① 贯彻落实中央、省、市有关海绵城市建设管理方面的方针政策和标准规范，参与制定地方性政策及标准规范。

② 负责编制海绵城市建设年度计划具体工作，参与编制海绵城市专项规划并推进落实，负责市管市政基础设施及房屋建筑项目海绵化推进工作并对区管项目进行指导，承担海绵城市建设项目考评管理、运维监测等工作。

③ 组织指导海绵城市等数据信息收集、处理、利用等工作，指导各区开展海绵城市等信息化应用工作。

④ 受市城建委委托，对海绵城市建设管理有关违法违规行为进行查处。

5.2 海绵城市管理体系

5.2.1 管理办法

海绵城市建设应当遵循生态为本、自然循环、规划引领、统筹推进、政府引导、社会参与的原则。武汉市、区人民政府将海绵城市建设管理工作纳入国民经济和社会发展规划，建立海绵城市建设管理联席会议制度，协调解决海绵城市建设管理工作中的重大问题，将海绵城市建设管理工作纳入绩效考核内容。

一般职责分工可参照如下分配。

市城乡建设部门负责统筹协调，组织推进全市海绵城市建设管理工作。国土规划、发展改革、财政、水务、园林和林业、住房保障、城管、环保、气象、审计等部门按照各自职责，负责海绵城市建设管理的相关工作。各区级人民政府统筹本区域内海绵城市建设工作，确定区级有关行业主管部门职责。

（1）规划和建设

① 规划编制：市国土规划部门应当会同城乡建设、水务、园林和林业等部门组织编制海绵城市专项规划，明确年径流总量控制目标、面源污染物控制目标、峰值径流控制目标、内涝防治目标和雨水资源化利用目标等内容，报市人民政府批准，纳入城市总体规划。

② 规划控制：编制城市总体规划、控制性详细规划以及道路交通、园林绿化、水系

统等相关专项规划时，应当将雨水年径流总量控制率作为控制指标，划定城市蓝线时，应当充分考虑自然生态空间格局。

③ 编制计划：根据海绵城市专项规划，市、区城乡建设部门应当会同相关部门，统筹新老城区海绵城市建设推进。新开发区域要全面落实海绵城市建设要求，老城区要结合城中村和"三旧"改造有序推进海绵城市建设。

区级政府建立海绵城市建设工程项目储备制度，编制年度建设计划，报本级人民政府批准后组织实施。

④ 编制规范：国土规划、城乡建设、水务、园林和林业等行业主管部门，按照海绵城市建设的目标和要求编制《武汉市海绵城市建设技术指南》等技术规范和标准图集，指导海绵城市建设。

⑤ 配套建设：新建、改建、扩建建设项目应当按照海绵城市专项规划、规划条件及相关技术标准配套建设海绵设施。海绵设施应当与主体工程同步设计、同步建设、同步投入使用，建设费用应当纳入建设项目概算。

⑥ 规划许可：国土规划部门在核发土地使用条件时，应明确海绵城市建设要求，开展海绵城市审查。海绵城市的审查方式可以采用审批、核准或备案制度。

⑦ 建设要求：所有新建、改建、扩建建设项目应当按照下列要求配套海绵城市建设设施。

1）建筑与小区建设应当因地制宜采取屋顶绿化、雨水调蓄与收集利用、微地形等措施，提高建筑与小区的雨水积存和蓄滞能力。

2）道路与广场建设应当改变雨水快排、直排的传统做法，增强道路绿化带对雨水的消纳功能，在非机动车道、人行道、停车场、广场等使用透水铺装，推行道路与广场雨水的收集、净化和利用，减轻对市政排水系统的压力。

3）公园和绿地建设应当采取建设雨水花园、下凹式绿地、人工湿地等措施，增强公园和绿地系统的城市海绵体功能，消纳自身雨水，并为蓄滞周边区域雨水提供空间。

4）城市排水防涝设施建设应当改造和消除城市易涝点，实施雨污分流，控制初期雨水污染，排入自然水体的雨水应当经过岸线净化；沿岸截流干管的建设和改造应当控制渗漏和合流制污水溢流污染。应处理好城市防洪排涝体系与海绵城市建设各项措施的衔接关系，增强雨洪径流调控能力。

5）城市坑塘、河湖、湿地等水体的整治应当注重恢复和保护水系的自然连通，因势利导改造渠化河道，重塑自然弯曲河岸线，营造自然深潭浅滩和泛洪漫滩，实施生态修复，改善水环境质量，不得采取填湖造地、截弯取直、河道硬化等破坏水生态环境的措施。采取控源截污、清淤疏浚、生态修复等措施，加大城市黑臭水体治理力度。

6）海绵城市建设的其他要求。

⑧ 设计审查：建设项目的施工图设计文件应当符合海绵城市建设要求。施工图审查机构应当按照海绵城市建设专项规划、规划条件和相关技术标准的要求，对施工图设计文件进行审查，对不符合海绵城市建设要求的，不得发放《施工图审查合格书》。

⑨ 排水许可：建设单位在申请排水许可时，水务部门应当审查排水口的设置和水质、水量是否符合海绵城市建设要求，对不符合海绵城市建设要求的，不予排水许可。

⑩ 竣工验收：建设单位在组织竣工验收时，应当将海绵设施配套建设纳入竣工验收内容，并将验收结果提交备案机关。验收不合格的，不得竣工验收备案，不得交付使用。

⑪ 维护管理：建筑与小区、道路与广场、公园和绿地、城市排水防涝设施以及城坑塘、河湖、湿地等水体的维护管理责任人应当按照海绵设施维护管理技术规范的要求，做好配套海绵设施的维护管理工作，保证海绵设施的完好和正常运行。

城乡建设、水务、园林和林业、住房保障、城管等部门制定海绵设施维护管理技术规范，建立海绵设施维护管理检查和考核制度。

（2）支持和保障

① 政府投入：市、区人民政府（管委会）应当设立海绵城市建设专项资金，在中期财政规划和年度建设计划中优先安排海绵城市建设项目。

海绵城市建设专项资金的具体管理办法由市财政部门会同建设等部门制定。

② 社会参与：鼓励有实力的科研设计单位、施工企业、制造企业与金融资本相组合，组建具备综合业务能力的企业集团或联合体，采用总承包、PPP模式等方式统筹组织实施海绵城市建设相关项目。

③ 激励措施：市、区人民政府（管委会）应当根据海绵城市建设项目的经营性与非经营性属性，建立政府与社会资本风险分担、收益共享的合作机制，采取明晰经营性收益权、政府购买服务、财政补贴等多种形式，鼓励社会资本参与海绵城市建设。

5.2.2 建设项目管理流程及职责分工

结合行政职能"放管服"改革要求，武汉市海绵城市建设项目管控制度以不增加审批程序为设计原则，参照《市人民政府关于印发武汉市城建项目前期审批办法的通知》和传统城建项目审批流程，将海绵城市建设项目管控制度划分为发改立项、规划土地审批、施工图审查、施工与验收、移交与运行维护这5个管控环节（图5-3）。

发改立项阶段：市发改委应在项目可研阶段增加对接《武汉市海绵城市规划设计导则（试行）》关于海绵城市建设的指标要求的审批要点，同时增加内涝风险分析成果等审查要点。

规划土地审批阶段：市国土规划局制定海绵城市专项设计文件备案制度（专项设计文件包括下垫面分类布局图、海绵设施分布总图、场地竖向及径流路径设计图、海绵城市目标取值计算表、海绵城市专项设计自评表）（以下简称"三图两表"备案制度），并要求建设单位提供专项设计文件。

施工图审查阶段：市城建委负责依据"三图两表"确定的技术审查指标对施工图进行细化审查。

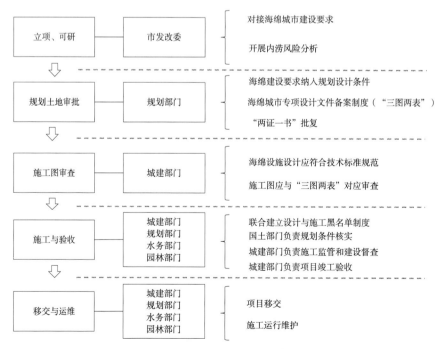

图5-3 武汉市海绵城市管控制度职能分工示意图

施工与验收阶段：市城建委负责会同市国土规划局、市水务局、市园林局、区政府建立海绵城市建设诚信黑名单制度，诚信黑名单制度又分为针对设计单位的黑名单制度和针对建设单位黑名单制度，设计黑名单制度是为约束方案设计阶段设计单位准确核算场地海绵城市控制指标而制定的惩罚机制；建设诚信黑名单制度是为约束建设单位严格按照海绵城市相关标准规范施工而制定的惩罚机制。

市国土规划局结合建设项目提供的海绵城市专项设计文件，负责核实建设项目规划条件，并对结果提出处理意见。

市城建委会同区政府对海绵城市建设项目进行施工监管与监督、施工进度督查。

市城建委会同市国土规划局、市水务局、市园林局、区政府负责海绵城市建设项目验收工作。

移交与运行维护阶段：市城建委、市园林局、市水务局、市房管局负责建设项目的移交和运行维护工作。

5.3 建设项目的规划管理

5.3.1 海绵城市规划管控流程构建

建设项目的规划审批流程大致可分为"土地供应→用地规划许可审批→建设工程规划许可审批→建设工程规划验收"4个阶段。通常，政府对建设项目的要求体现在土地供应阶段的规划设计条件之中。由于海绵城市建设指标较多，武汉市在规划设计条件中未直接明确海绵城市建设具体的指标要求，但增加了一条通用性的要求，即"建设项目应满足《武汉市海绵城市规划设计导则（试行）》关于海绵城市建设的指标要求"。在项目方案审查阶段，将海绵城市专项设计与审查作为建设工程规划许可审批的内容之一。在规划验收阶段，将按照海绵城市专项设计文件开展规划验收。武汉市具体海绵城市规划审批流程如图5-4所示。

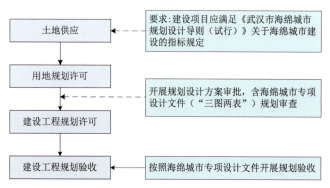

图5-4 武汉市海绵城市规划审批流程图

5.3.2 海绵城市规划方案指标体系及规范性要求

（1）指标体系

根据相关文件要求及研究成果，结合武汉市具体水问题，选择年径流总量控制率、面源污染削减率、峰值径流系数、排水管网设计重现期、雨水资源化利用率等指标作为综合管控指标。同时，为引导海绵城市建设尽量体现自然的理念，避免出现过度工程化的情况，选择透水铺装率、下沉绿地率（广义）和绿色屋顶率等具有代表性的指标作为单项指标。此外，根据武汉市水系众多、水资源充沛、城市对雨水资源化利用的需求不大但城市内涝和水污染问题较为突出的特点，将海绵城市建设指标分为强制性指标和引导性指标，其中强制性指标是必须达到的指标，而引导性指标为鼓励达到指标，最终形成武汉市海绵城市规划管控指标体系，如表5-1所示。

武汉市海绵城市规划管控指标体系　　　　表5-1

指标类型	序号	指标名称
强制性	1	年径流总量控制率
	2	雨水管网设计暴雨重现期（年）
	3	峰值径流系数
	4	透水铺装率
	5	面源污染削减率
	6	下沉式绿地率 （新建建设项目为强制性指标、改造建设项目为引导性指标）
引导性	7	雨水资源化利用率
	8	绿色屋顶率

（2）总体框架

由于海绵城市指标、措施众多，全面管控难度较大，为尽快在全市开展海绵城市建设，同时简化行政审批流程，提高行政审批效率，武汉市充分发挥设计单位在整个管控环节中的作用，构建了一套以《导则》为基础的海绵城市规划审查体系。该体系要求设计单位按照《导则》进行取值，并对方案进行自评，自评通过后由国土规划局进行核查。在实际操作过程中，再利用征信机制对设计单位进行管理，保证海绵城市专项设计中各

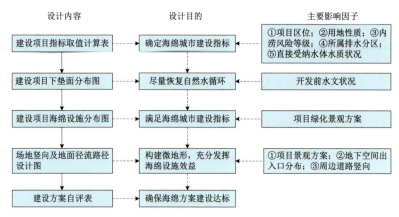

图5-5 武汉市海绵城市专项设计总体框架图

类指标的真实性。同时,为便于规划管理,武汉市对海绵城市专项设计文件内容进行了标准化的要求。各阶段的主要内容、设计目的和主要分析因子如图5-5所示。

（3）规范性要求

为保证海绵城市规划管控方式便于操作,需要对海绵城市构成要素的下垫面、海绵设施的表达方式、设计参数等进行统一规定,保证设计计算参数与规划审核参数一致。

① 下垫面分类、代码及设计参数规范性要求

参考相关技术文件和规范中下垫面分类,将武汉市下垫面选择确定为4类18项,并对各类下垫面的径流系数进行统一规定。同时,参考城市规划用地分类方法,对每类下垫面的代码进行规范统一（如表5-2所示）。设计人员进行图件绘制时,应按照统一代码、设计参数进行标示和计算,特殊下垫面不在表5-2范围的,应进行特殊说明。

下垫面代码及设计参数一览表　　表5-2

下垫面分类及代码				雨量径流系数 ϕ		流量径流系数 ϕ
大类名称	大类代码	小类名称	小类代码	年均雨量径流系数 ϕ	场均雨量径流系数 ϕ	
屋面	WM	绿化屋面（绿色屋顶,基质层厚度≥300mm）	WM-1	0.3	0.4	0.4
		绿化屋面（绿色屋顶,基质层厚度<300mm）	WM-2	0.4	0.5	0.55
		硬屋面、未铺石子的平屋面	WM-3	0.8	0.9	0.95
		铺石子的平屋面	WM-4	0.6	0.7	0.8

续表

下垫面分类及代码				雨量径流系数 ϕ		流量径流系数 ϕ
大类名称	大类代码	小类名称	小类代码	年均雨量径流系数 ϕ	场均雨量径流系数 ϕ	
路面与铺装	LP	混凝土或沥青路面及广场	LP-1	0.8	0.9	0.95
		大块石等铺砌路面及广场	LP-2	0.5	0.6	0.65
		沥青表面处理的碎石路面及广场	LP-3	0.45	0.55	0.65
		级配碎石路面及广场	LP-4	0.35	0.4	0.5
		干砌砖石或碎石路面及广场	LP-5	0.35	0.4	0.4
		非铺砌的土路面	LP-6	0.25	0.3	0.35
		非植草类透水铺装（工程透水层厚度≥300mm）	LP-7	0.2	0.25	0.35
		非植草类透水铺装（工程透水层厚度<300mm）	LP-8	0.3	0.4	0.45
		植草类透水铺装（工程透水层厚度≥300mm）	LP-9	0.06	0.08	0.15
		植草类透水铺装（工程透水层厚度<300mm）	LP-10	0.12	0.15	0.25
绿地	LD	无地下建筑绿地	LD-1	0.12	0.15	0.2
		有地下建筑绿地（地下建筑覆土厚度≥500mm）	LD-1	0.15	0.2	0.25
		有地下建筑绿地（地下建筑覆土厚度<500mm）	LD-2	0.3	0.4	0.4
水体	ST	水体	ST-1	1	1	1

② 海绵设施面源污染控制参数规范性要求

海绵设施的面源污染削减效率因设计方案不同，效果差别较大，为方便规划管理，参考住房和城乡建设部《指南》，形成不同海绵设施污染物去除率，如表5-3所示。

不同海绵设施污染物去除率一览表　　　表5-3

单项设施	污染物去除率[以SS计（%）]
透水砖铺装	80~90
透水水泥混凝土	80~90
透水沥青混凝土	80~90
绿色屋顶	70~80
复杂型生物滞留设施	70~95
渗透塘	70~80
湿塘	50~80

续表

单项设施	污染物去除率［以SS计（%）］
雨水湿地	50~80
蓄水池	80~90
雨水罐	80~90
转输型植草沟	35~90
干式植草沟	35~90
渗管/渠	35~70
植被缓冲带	50~75
人工土壤渗滤	75~95

5.3.3 海绵城市规划方案编制

（1）总体要求

武汉市在编制建设工程海绵城市规划方案时，应根据建设工程特点采用不同的编制模式。建筑与小区、城市绿化建设工程应采用一般建设工程的编制模式，城市道路和排水走廊建设工程应采用城市道路和排水走廊的编制模式。

（2）一般建设工程编制技术

一般建设工程的规划方案包含海绵城市专项设计文件和总平面图中的海绵城市专项指标。海绵城市专项设计文件应包含海绵城市目标取值计算表、下垫面分类布局图、海绵设施分布总图、场地竖向及径流路径设计图、海绵城市专项设计方案自评表。总平面图中的海绵城市专项指标应包含软化屋面面积、可渗透硬化地面面积、蓄水设施总容积。

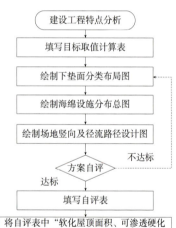

图5-6 一般建设工程规划方案（海绵城市部分）编制流程示意图

一般建设工程海绵城市规划方案编制的技术过程按照图5-6开展[①]。

---

① 姜勇. 武汉市建设项目的海绵城市规划管控方法与技术探索[J]. 中国给水排水，2018，1：1-6.

① 目标取值要求

海绵城市目标取值应符合以下规定，并按照表5-4的规定格式填写目标取值计算表（表5-4）。

建设工程海绵城市目标取值计算表 表5-4

项目名称：_____

指标类型	序号	指标名称	影响因素			目标值
			排水分区管控基准值	用地性质	建设阶段	
强制性	1	年径流总量控制率			新建 □	
					改造 □	
	2	峰值径流系数	—			
	3	面源污染削减率				
	4	可渗透硬化地面占比				≥40%
	5	雨水管网设计暴雨重现期（年）	—			
引导性	6	新建项目下沉式绿地（含水体）率				≥25%
	7	新建项目景观水体利用雨水的补水量占水体蒸发量的比例				≥60%
	8	新建项目中高度不超过30m的平屋面软化屋面率				100%

设计单位签章： 建设单位签章：

1）强制性指标的取值

年径流总量控制率的取值：建筑与小区建设工程的年径流总量控制率以所在排水分区的年径流总量控制率管控基准值为基础，并结合项目用地性质和建设特点予以调整，具体调整幅度按表5-5执行。调整后的取值不足60%的按60%取值，调整后的取值大于85%的按85%取值。城市绿地建设工程的年径流总量控制率统一确定为85%。

建筑与小区年径流总量控制率调整值一览表 表5-5

建设特点	居住	工业	公共管理公共服务	商业服务	公用设施	物流仓储	交通设施
改造	0	0	0	−5%	−5%	0	−5%
新建	+5%	+5%	+5%	−5%	0	+5%	−5%

峰值径流系数的取值：峰值流量径流系数应按排水系统现状能力、规划建设强度、用地类别和雨水排放受纳水体的不同，经综合分析后确定，但不应高于表5-6的规定值。

不同用地类别的峰值径流系数控制标准　　　　表5-6

用地类别	用地类别代码	峰值径流系数
居住用地	R	≤0.6
公共管理与公共服务用地	A	≤0.6
商业服务业用地	B	≤0.65
工业用地	M	≤0.65
物流仓储用地	W	≤0.65
交通及公用设施用地	S、U	≤0.65
绿地	G	≤0.2
其他用地	—	≤0.2

面源污染削减率的取值：建设工程面源污染削减率应按照全市专项规划取值。当建设工程位于水质目标为Ⅱ、Ⅲ类的湖泊汇水区范围时，其面源污染物削减率不应低于70%（以TSS计，下同）；当建设工程位于水质目标为Ⅳ类的湖泊汇水区范围时，其面源污染物削减率不应低于60%；当建设工程位于其他区域时，其面源污染物削减率不应低于50%。

可渗透硬化地面占比的取值：新建项目可渗透硬化地面占硬化地面的比例不应低于40%。

雨水管网设计暴雨重现期的取值：雨水管网设计暴雨重现期的取值参见现行《室外排水设计规范》GB 50014—2006。

2）引导性指标的取值

引导性指标一般适用于新建项目，包含下沉式绿地（含水体）率、景观水体利用雨水的补水量占水体蒸发量的比例和软化屋面率。下沉式绿地（含水体）率的目标值宜不低于25%，景观水体利用雨水的补水量占水体蒸发量的比例宜不低于60%，高度不超过30m的平屋面的软化屋面率宜达到100%。

② 建设工程下垫面分布图的编绘要求

海绵城市专项设计宜优先保留项目用地内的绿地和水体等自然下垫面；在保持建设工程建构筑物布局不变的情况下，宜对硬化地面和绿化地面的布局进行评价，并按照有利于雨水自然收集和自然净化的要求提出优化措施。针对建设工程总平面方案中的屋面、硬化地面、绿化地面、水体，分别选取合适的下垫面类别，尽可能选择有利于雨水下渗和净化的下垫面，选取的各类下垫面面积之和应与项目用地的总面积一致，不留空白区。

③ 建设工程海绵设施分布图的编绘要求

在进行海绵设施布局时，建设工程海绵设施分布图的编绘应有利于硬化屋面和不透水硬化地面的径流优先排入海绵设施进行滞蓄、净化；应反映所有透水铺装、软化屋面、转输型植草沟和有蓄水功能海绵设施的具体分布，应绘制下沉式绿地（含水体）边线；应标注每一个下沉式绿地（含水体）的用地面积、有效深度和有效容积，标注每一个蓄水池、蓄水模块的长、宽、高等尺寸和有效蓄水容积，标注每一个蓄水桶的有效蓄水容积；应在图件中绘制可蓄水海绵设施的蓄水容积汇总表；海绵设施需蓄水容积可按照容积法进行计算，容积法公式为：$V=10H\phi F$。

④ 场地竖向及地面径流路径设计图的编绘要求

标注所有控制点的竖向高程，特别是地下空间出入口、地面坡向分界点、下沉绿地（不含水体）最低点、下沉绿地（不含水体）有效深度控制点、水体常水位的高程；标注地面径流路径方向，特别是硬化下垫面至可蓄水的海绵设施之间的径流路径；标注控制点高程应能反映地块与周边道路、地块内部不同位置之间的竖向关系，能判别地面径流路径的方向和大致范围，从而判断海绵设施设置的合理性；标注地块内部雨污水管网规模、流向，接入市政雨污水管网的位置和管底标高。

⑤ 海绵城市专项设计方案自评表的编绘要求

为便于开展审核，海绵城市专项设计方案自评表应采用统一的格式进行填写。下垫面解析、专门设施核算和用地竖向控制的数据应分别与下垫面分类布局图、海绵设施分布总图和场地竖向及径流路径设计图对应，并且与图中数据一致；综合评价指标的目标值应与目标取值计算表中的数值一致。

综合评价指标的完成值宜按照以下方法进行计算。

1）年径流总量控制率：先按照容积法反推可控制降雨量，再根据表3-4中可控制降雨量与年径流总量控制率的对应关系，采用插值法计算出年径流总量控制率。有条件的可采用数学模型进行计算。

2）峰值径流系数：按照统一确定的各类下垫面峰值径流系数，采用加权平均法进行计算。

3）面源污染削减率：以每个海绵设施的汇水分区为单元，按照统一确定的各类海绵设施对面源污染的削减比例，采用加权平均法进行计算。

4）可渗透硬化地面占比：可渗透硬化地面占比=可渗透硬化地面面积/硬化地面总面积。

5）引导性指标

下沉式绿地（含水体）率：下沉式绿地（含水体）率=下沉绿地（含水体）面积/绿地总面积（含水体面积）。

景观水体利用雨水的补水量占水体蒸发量的比例：景观水体利用雨水的补水量占水体蒸发量的比例=景观水体利用雨水的补水量/景观水体蒸发量。

软化屋面率：软化屋面率=软化屋面面积/屋面总面积。

具体样表及样图见表5-7，图5-7～图5-9。

建设工程海绵城市专项设计方案自评表　　　　表5-7

项目名称：

指标					备注
项目用地总面积（m²）					
下垫面解析	屋面	软化屋面	总面积（m²）		
			屋面绿化面积（m²）		
			其他软化屋面面积（m²）		
			小计（m²）		
	硬化地面	可渗透硬化地面	总面积（m²）		
			可渗透机动车道路面积（m²）		
			植草砖铺装面积（m²）		
			其他渗透铺装面积（m²）		
			小计（m²）		
	绿化地面及水体	下沉绿化	总面积（m²）		
			水体面积（m²）		
			生物滞留设施面积（m²）		
			雨水花园面积（m²）		
			其他下沉绿化面积（m²）		
			小计（m²）		

续表

指标				备注
专门设施核算	蓄水设施	总容积（m³）		
		地下蓄水设施蓄水容积（m³）		
		雨水桶蓄水容积（m³）		
		下沉绿化可蓄水容积（m³）		
	排水设施	雨水管网设计重现期（年）		
		有无独立污水管网	有□ 无□	
用地竖向控制	地下建筑	户外出入口挡水设施高度（m）		
	内部场平	高于相邻城市道路的高度（m）		
	地面建筑	室内外正负零高差（m）		

评价指标			目标值	完成值
综合评价	控制性	年径流总量控制率（%）		
		峰值径流系数		
		硬化地面中可透水地面面积占比（%）		
		污染物削减率（以TSS计，%）		
	引导性	下沉式绿地率（%）		
		雨水资源化利用量占其绿化浇洒、道路冲洗和其他生态用水总量比（%）		
		软化屋面率（%）		

设计单位签章：　　　　　　　　　　建设单位签章：

图5-7 下垫面分类布局图样图

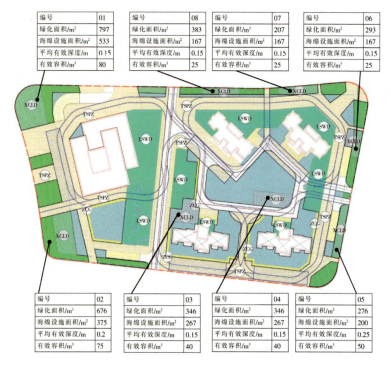

图5-8 海绵设施分布总图样图

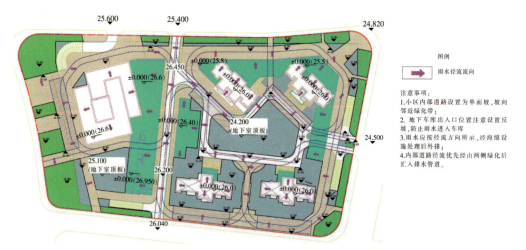

图5-9 场地竖向及径流路径设计图样图

（3）城市道路及排水走廊建设工程编制技术

城市道路及排水走廊建设工程的修建性详细规划应落实海绵城市理念，选择的低影响设施类型应与建设工程的特点相适应，并从用地和竖向上保证低影响设施的有效运行。

编制城市道路及排水走廊建设工程的修建性详细规划时，应在说明书中包含海绵城市建设的内容，在标准横断面规划图中反映可渗透路面和下沉式绿地的分布。城市道路建设工程修建性详细规划中应明确绿地率、非机动车路面铺装中可渗透硬化铺装占比、绿化地面中下沉式绿地占比等指标，并满足以下要求。

① 城市道路的绿化带宜设置为连续绿化，非树穴部分宜设置为下沉式绿化，下沉式绿地率可根据项目特点确定，绿地率应满足以下要求：园林景观路绿地率不得小于40%；红线宽度大于50m的道路绿地率不得小于30%；红线宽度在40~50m的道路绿地率不得小于25%；红线宽度小于40m的道路绿地率不得小于20%。

② 城市道路新建项目的非机动车路面中，可渗透路面占比不宜低于70%；城市道路改、扩建项目的非机动车路面中，可渗透路面占比不宜低于40%。

③ 城市道路非机动车道及人行道的横坡应坡向相邻绿化带。

排水走廊建设工程修建性详细规划应符合如下要求：应将走廊范围的非机动车硬化路面规划为可渗透路面；市政雨水管网接入排水走廊内的水体时宜采用生态排口；排水走廊内无港渠等水体时，应结合景观和沿线用地特点布局下沉式绿地，且下沉式绿地的总面积不应低于走廊面积的25%。

5.3.4 海绵城市规划方案审查

（1）基于海绵城市规划管控的建设工程分类

根据近年来建设工程的特点、规划方案审批的特点、海绵城市的建设特点，为便于分类管控、科学管控，将建设工程划分为一般建设工程、城市道路及排水走廊建设工程、其他建设工程三大类。

一般建设工程主要包括建筑与小区类建设工程、城市绿化建设工程。

其他建设工程主要包括地下管线类建设工程、二类和三类工业用地的建设工程、危房应急改造类建设工程、既有建设用地上单纯增加电梯或立体停车库等民生设施的建设工程、既有建设用地上单纯进行海绵化改造的建设工程等。其他建设工程规划管控的审查审核，暂不将海绵城市建设部分纳入具体管理流程。

（2）一般建设工程审查方式

① 土地出让（划拨）和建设用地规划许可阶段审查（审核）要点

在规划设计条件的特殊要求一栏中，增加海绵城市建设的通则性要求，通则性要求可统一表述为"应落实海绵城市建设理念，满足相关技术要求"。

② 规划方案审批阶段审查方式

1）咨询服务阶段

在出具方案技术咨询意见书的同时，告知建设单位要开展海绵城市规划方案编制和专项审核的相关工作。海绵城市专项审核应依据专项设计图件，按照表5-8的格式出具专项审核意见书。

建设工程规划方案（海绵城市部分）审核意见书　　　　表5-8

项目名称：_____

审核要点	审核意见		备注
海绵城市专项设计文件是否完整	是☐	否☐	
海绵城市专项设计方案自评结论是否达标	是☐	否☐	
建设项目总平面图的技术经济指标表是否已包含海绵城市3项指标	是☐	否☐	
总平面图中海绵城市相关指标与海绵城市专项设计文件是否一致	是☐	否☐	
海绵城市专项设计文件方案图与自评表中的数据是否一致	是☐	否☐	

审核结论：☐审核通过　　　☐审核不通过

经办人：　　　　　　　　　　　　　分管领导：

审核单位签章：

　　　　　　　　　　　　　　　　　　审核日期：　　　年　　月　　日

2）行政审批阶段

首先，审查报送材料是否有海绵城市专项审核意见书，且审核意见书的结论为"审核通过"；其次，审查规划方案中是否有完整的海绵城市专项规划方案文件，专项规划方案文件必须包括海绵城市目标取值计算表、下垫面分类布局图、海绵设施分布总图、场地竖向及径流路径设计图、海绵城市专项设计方案自评表；再次，审查建设工程总平面图的技术经济指标表中是否有完整的海绵城市的专项指标,海绵城市的专项指标必须包括软化屋顶面积、可渗透硬化地面面积、蓄水设施总容积;最后,审查建设工程总平面图的3项海绵城市专项指标与海绵城市专项设计方案自评表、海绵城市专项审核意见书中同一指标数据的一致性。

③ 建设工程规划条件核实阶段审查(审核)要点

首先,查看《武汉市建设工程规划条件核实测量成果报告书》(以下简称《报告书》),检查其是否已包含海绵城市的必备文件。必备文件应包括海绵城市建设内容核实测量图和核实测量表。

其次,针对《报告书》中海绵城市的核实测量图表,审核软化屋顶面积、可渗透硬化地面面积、蓄水设施总容积、地下建筑户外出入口挡水设施高度的完成情况。

最后,填写建设工程规划条件核实(海绵城市部分)审核意见表(具体格式见表5-9),并将审核意见表作为建设工程规划条件核实审核意见书的附件。

建设工程规划条件核实(海绵城市部分)审核意见表　　　　表5-9

项目名称:_____

审核要点	审核意见		备注
《武汉市建筑工程规划条件核实测量成果报告书》应包含海绵城市的核实测量图和核实测量表	是□	否□	□缺核实测量图 □缺核实测量表
软化屋顶面积应大于等于设计值	是□	否□	
可渗透硬化地面面积应大于等于设计值	是□	否□	
蓄水设施总容积应大于等于设计值	是□	否□	
地下建筑户外出入口挡水设施高度应大于等于设计值	是□	否□	

填表说明:如相关核实值小于设计值,请在备注中注明具体差值和差值与设计值之间的百分比。

审核结论:□审核通过　　　□审核不通过

(3)城市道路及排水走廊建设工程审查方式

① 项目选址及建设用地规划许可阶段审查(审核)要点

应在项目选址意见中增加海绵城市建设的通则性要求;通则性要求可统一表述为"应落实海绵城市建设理念,满足相关技术要求";审查工程修建性详细规划时,应审查工程横断面规划图中是否体现海绵城市的要求，审查规划说明书中是否有海绵城市的专门说明。

② 建设工程规划许可阶段审查（审核）要点

审查建设工程规划方案时，应对海绵城市理念的落实情况进行审核。针对工程横断面规划图，审查工程项目非机动车硬化地面中可渗透硬化地面的占比，审查绿化地面中下沉式绿地的占比。在出具的规划方案审批意见中，增加海绵城市内容的审批要求，宜采用通则性的表述，具体可表述为"非机动车硬化地面中可渗透硬化地面的占比、绿化地面中下沉式绿地的占比应符合武汉市海绵城市建设的技术要求"。

③ 建设工程规划条件核实阶段审查方式

查看《报告书》，检查其是否已包含海绵城市的必备文件。必备文件应包括海绵城市建设内容核实测量图和核实测量表。针对《报告书》中海绵城市建设内容的核实测量图表，审核非机动车硬化地面中可渗透硬化地面占比、绿化地面中下沉式绿地占比的完成情况，并将其纳入建设工程规划条件核实审核意见书。

（4）建设工程海绵城市专项设计文件的抽查

① 管控流程

抽查初核。每年1月，各审批机构按一定比例随机抽取上一年度核发建设工程规划许可证的建设工程项目，对抽取项目的海绵城市专项设计文件自评结论的真实性进行初核，将控制性指标的复核值与自评表的自评值有差距、且不满足目标取值的建设工程项目形成需要细核的项目表。

约谈细核。如存在需要细核的项目，则约谈该项目的建设单位和设计单位，并通知市规划院指定海绵城市技术人员参与，共同开展细核工作。判别细核项目是属于勘误性质还是自评作假性质，并形成细核成果表。

报告与信息提交。如不存在自评作假性质的建设工程项目，则形成完整的抽查报告供查阅；如存在自评作假性质的建设工程项目，则形成完整的抽查报告，并将自评作假的中介机构名单及承担中介服务的建设工程项目信息形成汇总表，并按规定提交给相关单位，由相关单位在相关平台进行公示。

② 建设工程海绵城市专项设计文件的抽查审查（审核）要点

抽查初核的建设工程项目数量宜占当年核发建设工程规划许可证数量的5%~10%，核发建设工程规划许可证数量多的机构可选下限比例，但各审批机构抽取的项目数量不能少于1个；初核阶段仅对自评表中年径流总量控制率的真实性进行复核，复核方法采用按《武汉市建设工程规划方案（海绵城市部分）编制技术规定》中的年径流总量控制率快速评价法进行；细核阶段应对所有控制性评价指标的真实性进行复核，按照相关技术指南或采用专业模型进行复核。

5.3.5 海绵城市规划条件核实

（1）总体要求

建设工程（海绵城市部分）规划条件核实除应符合针对海绵城市部分的核实要求外，还应符合现行国家、行业标准、规范和武汉市有关管理规章、技术标准的规定。同时，开展建设工程（海绵城市部分）规划条件核实应符合下列要求。

建（构）筑物屋面绿化施工完毕；道路交通设施建设完成，硬化路面施工完毕，透水铺装已完成；园林绿化、水系设施施工完毕；蓄水设施施工完毕；排水管网施工完毕；其他海绵设施均按照海绵城市专项规划设计文件要求完成；规划用地范围内应拆除的建（构）筑物、临时设施、建筑外部施工设备等均按要求拆除完毕。

测绘单位在接受工程委托时，应告知委托方提供如下资料（复印件及电子版）作为建设工程（海绵城市部分）项目规划条件核实测量的主要参考图件：

建设工程规划许可证及附件、附图；建设工程红线定位册；经城乡规划主管部门批准的修建性详细规划或者建设工程设计方案；绵城市专项设计技术文件（"三图两表"）；路面铺装设计图，建设单位出具的覆土厚度、透水层厚度图表；其他规划条件核实资料。

（2）建设工程海绵城市要素核实测量

建设工程项目海绵城市规划条件核实测量范围应包含建设工程规划许可核定的用地范围。实际测量范围宜包括建设区外第一栋建（构）筑物、市政道路或建设区外不小于30m的范围。

建设工程海绵城市要素测量内容包含基础地理信息要素测量和海绵城市要素测量。基础地理信息要素测量包括非海绵城市要素的平面位置、形状、大小、属性等基础地理信息，测量要求应符合《城市测量规范》CJJ/T 8-2011要求。海绵城市要素测量应包括下垫面的面积测量、海绵设施容积测量、场地竖向高程测量等。

下垫面面积测量主要按照以下分类分别进行。

屋面分类主要包括：软化屋面，含绿化屋面和铺石子的平屋面；非软化屋面，含硬屋顶、未铺石子的平屋面。

硬化地面分类主要包括：混凝土或沥青路面及广场、大块石等铺砌路面及广场、沥青表面处理的碎石路面及广场、级配碎石路面及广场、干砌砖石或碎石路面及广场、非铺砌的土路面、非植草类透水铺装、植草类透水铺装。

绿化地面及水面分类主要包括：无地下建筑绿地、有地下建筑绿地和水体。

海绵设施测量主要包括下沉绿地、蓄水池、蓄水模块、雨水罐等蓄水设施的测量。其中，下沉绿地的测量应包含有效下沉深度和下沉绿地面积测量；蓄水池、蓄水模块、雨水罐等蓄水设施的容积测量应根据其建筑形状、尺寸进行实测；隐蔽的蓄水设施工程在隐蔽前应由建设单位通知测量单位进行跟踪测量。

地下建筑顶板及屋顶绿地覆土厚度宜采用测钎直接量取绿地表面至建筑物顶板结构层上表面的距离；不具备直接测量条件时，可采用测量绿地表面高程及相同平面位置处建筑物顶板结构层下表面高程，通过建筑设计资料确定建筑物顶板厚度，间接获取覆土厚度，并在地面高程点位置标注覆土厚度。

场地竖向测量内容主要包括场地内部道路特征点、建筑物的正负零以及海绵城市专项设计文件中标注的特征点测量，其测量内容和技术要求如下。

① 道路特征点测量主要包括道路中心线（或边线）转折点、道路交叉点、主要附属物测量等。

② 地下建筑主要测量地下建筑出入口、变坡点高程和挡水设施高程。

③ 特征点应在图根水准控制点上直接实测，点位间距不宜大于20m。采集的点位应能反映道路横坡坡向、路面与周边道路绿地的竖向关系。

④ 高程注记点应测设标注在道路中心线、交叉中心、建筑物的正负零（一楼室内地面）、管道检查井井口、广场、较大的庭院内或空地上以及其他地面倾斜变换处。

⑤ 竖向测量结果应能反映建筑物与小区道路、下沉式绿地、出水口、溢流口、相邻城市道路之间的竖向关系。

⑥ 根据特征点高程测量成果，计算地下建筑户外出入口挡水设施高度、内部场平高于相邻城市道路的高度、地面建筑室内外正负零高差等指标。

城市道路及排水走廊建设工程应测量并绘制典型横断面，典型横断面的测量间距依据规划设计条件确定，一般应小于200m，典型横断面图上应当标注不可渗透机动车道、可渗透机动车道、不可渗透非机动车道、可渗透非机动车道、绿化地面、水面、下沉绿地（不含水面）等要素。

（3）面积容积测算

建设工程项目用地总面积以建设用地规划许可证核定的范围为准。尚未取得建设用地规划许可证的，以规划设计条件确定的范围为准。

建设工程面积测算应按《建设工程规划许可证》及附图、附件的有关内容进行分类测算，建筑面积计算规则按规划管理部门的管理要求执行。建设工程面积测算应在编绘完整的建筑规划条件核实测量成果图上，按水平垂直投影进行测算。

屋面类下垫面的面积测算：建筑物屋顶按照绿化屋面、硬屋面（未铺石子的平屋面）、铺石子的平屋面分类计算面积；建筑物屋顶总面积按建筑物外围护结构的水平垂直投影面积计算；屋顶绿化面积按实际实施的绿化范围的水平垂直投影面积计算。

硬化地面类下垫面面积测算：铺装地面面积按照铺装路面材质（包括混凝土或沥青路面及广场、大块石等铺砌路面及广场、沥青表面处理的碎石路面及广场、级配碎石路面及广场、干砌砖石或碎石路面及广场、非铺砌的土路面）进行分类分块计算；植草类透水铺装和非植草类透水铺装按照工程透水层厚度（300mm为界限）进行分类分块计算；路面及铺装地面面积计算，根据铺装地面材料的边界测量点位坐标，采用解析法在CAD中计算并绘制面积计算图；建筑物边线在用地范围线外的，参考施工设计图确定用地范围线边线，建筑物边线在用地范围线内的，以建筑物落地边线为界线围合而成的区域为现状铺装地面面积。

绿化地面及水面类下垫面面积测算如下。

① 绿化面积：房屋建筑工程绿化面积是指建设项目规划建设用地红线内的公共绿

地、屋旁绿地、配套设施所属绿地、道路绿地（道路红线内的绿地）的占地面积，包括满足城乡规划主管部门规定的植树绿化覆土要求的地下建筑或半地下建筑的屋顶绿地面积，以及满足城乡规划主管部门规定的有日照要求的房屋建筑工程内部公园、小游园、水面、屋旁小路（路宽≤2.00m）的占地面积。不包括建筑物内部（架空层、空中花园等室内休憩建筑空间）、地上建筑物屋顶和晒台的人工绿化面积。

② 非绿化面积：房屋建筑工程非绿化面积由房屋建筑工程的建筑基底总面积（含建筑物基底面积和构筑物基底面积）、地面行车道路（路宽大于2.00m）占地面积、地面露天停车场的无植草场地面积、广场面积、堆场面积以及室外其他配套设施（如游泳池、篮球场、网球场等运动场）占地面积组成。无植被的天井、庭院等非绿地面积计入室外其他配套设施占地面积。

③ 绿化面积计算规定

1）建筑物测量以墙基外角为准，内部道路以邻绿地侧缘石边沿为准，其他地方以邻绿地侧外部边沿为准，绿化面积按照绿地的边界范围所占水平投影100%计算绿化面积。

2）绿化用地地表下无论是否存在有地下建（构）筑物，无论其顶板上方覆土厚度，均按照水平投影100%计算绿地面积。

3）绿地范围内的面积小于1m^{2}的建筑物、构筑物（包括垃圾房、箱式变、采光井、煤气调压箱、地下室透气孔、消防、电力、地下管线检修井等市政设施井盖等），其面积计入所在绿地面积；面积大于1m^{2}的不计入绿地面积。

4）绿地范围内宽度小于2m的硬化无露土道路计入绿地面积，宽度大于2m的硬化无露土道路不计入绿地面积。

5）绿地范围内的水体如景观水体、叠水、人工水渠、水池等计入绿地面积。

6）绿地中作为景观组成部分的小品、亭台、曲廊、步道、小广场、活动设施等，计入绿地面积。

④ 下列情形应不计入建设工程项目绿化面积。

1）地面停车场、消防登高面、消防通道及各类形式的植草砖不计入绿地面积。

2）住宅类型的屋顶绿化、垂直绿化、阳台绿化、室内绿化、盆栽花草树木墙和栏杆上的花台、花池不计入绿地面积。

3）架空层、阳台、屋檐等各类建、构筑物投影线内的开放空间绿地不计入绿地面积。

4）入户通道、小区道路、组团道路、宅旁（宅间）道路不计入绿地面积。

5）建设用地内的游泳池、消防水池、球场等运动场地以及城市规划控制的自然溪河等水体不计入绿地面积。

6）单株种植的乔木、成行种植的乔木、采用树阵方式种植的乔木不计入绿地面积。

下沉式绿地面积测算：根据规划方案图中的下沉式绿地分布，结合现场场地测量结果，在CAD中绘制各下沉式绿地的面积计算图，并依次量算各下沉式绿地的面积。

蓄水容积测算的蓄水设施包括：雨水桶、雨水调蓄池、雨水调蓄模块、具有调蓄空间的景观水体、洼地以及下沉式绿地等。顶部和结构内部有蓄水空间的渗透设施（如复杂生物滞留设施、渗管等）的渗透量也可计入总调蓄容积。

各类蓄水设施的蓄水容积宜按以下方法计算：

1）雨水罐、雨水池应结合其结构参数进行蓄水容积计算；

2）地下蓄水模块应根据单个雨水收集模块长、宽、高尺寸，并结合雨水厂家给定的雨水收集模块技术参数，综合确定其可蓄水的容积；

3）具有渗透功能的蓄水设施，蓄水最大深度应根据该处设施上沿高程最低处确定。

下沉式绿化可蓄水容积应按照下沉式绿地的平均有效蓄水深度和该下沉式绿地面积，结合下沉式绿地的形状特点，通过计算可蓄水空间的体积得到其可蓄水容积。

面积、容积测算成果应清晰记录，归档保存。

4）规划条件核实测量成果文件

建设工程规划条件核实（海绵城市部分）测量成果文件应包括测量成果图件和测量成果表格，并作为《建设工程规划条件核实测量成果报告书》的组成部分。

建设工程规划条件核实（海绵城市部分）测量成果图应反映各类下垫面的空间分布、各蓄水设施的空间分布及蓄水容积、控制点的竖向高程等必备要素。

建设工程规划条件核实（海绵城市部分）测量成果表应采用固定的格式，便于汇总统计，在武汉实践的基础上，推荐采用表5-10～表5-14。

武汉市建设工程（海绵城市部分）规划条件核实测量成果汇总表　　表5-10

建设单位						
项目名称						
建设地点						
		名称	规划审批	核实测量	差值	备注
		项目用地总面积（m²）				
下垫面解析	屋面	软化屋面面积（m²）				
	硬化地面	可渗透硬化地面面积（m²）				
		透水铺装率				
	绿化地面及水面	水体面积（m²）				
		下沉式绿化面积（m²）				
		下沉式绿化率				
专门设施	蓄水设施	蓄水设施蓄水总容积（m³）				
用地竖向	地下建筑	户外出入口挡水设施高度（m）				
	内部场平	高于相邻城市道路的高度（m）				
	地面建筑	室内外正负零高差（m）				

计算者：　　校核者：　　×年×月×日　　测绘单位

绿化屋面规划条件核实测量成果表　　表5-11

建筑名称						
地块编号						
		名称	设计面积	实测面积	差值	备注
		屋面总面积（m²）				
其中	1. 软化屋面面积（m²）					
	其中	1. 绿化屋面总面积（m²）				
		其中	绿化屋顶，基质层厚度≥300mm面积（m²）			
			绿化屋顶，基质层厚度<300mm面积（m²）			
		2. 铺石子的平屋面面积（m²）				
		3. 其他软化屋面面积（m²）				
	2. 硬屋面面积（m²）					
	其中	1. 硬屋面、未铺石子的平屋面面积（m²）				
		2. 其他硬屋面面积（m²）				

计算者：　　校核者：　　×年×月×日　　测绘单位

下沉式绿地规划条件核实测量成果表　　　　　　表5-12

建筑名称					设计面积	实测面积	差值
地块编号							
名称					设计面积	实测面积	差值
其中	水体面积（m²）						
	绿地总面积（m²）						
	1. 下沉式绿地面积（m²）						
		其中	1. 无地下建筑绿地面积（m²）				
			2. 有地下建筑绿地面积（m²）				
			其中	地下建筑覆土厚度≥500mm面积（m²）			
				地下建筑覆土厚度＜500mm面积（m²）			
	2. 非下沉式绿地面积（m²）						
		其中	1. 无地下建筑绿地面积（m²）				
			2. 有地下建筑绿地面积（m²）				
			其中	地下建筑覆土厚度≥500mm面积（m²）			
				地下建筑覆土厚度＜500mm面积（m²）			
	下沉式绿地率						

计算者：　　　　校核者：　　　　×年×月×日　　　　测绘单位

路面及铺装规划条件核实测量成果表　　　　　　表5-13

建筑名称			设计面积	实测面积	差值
地块编号					
名称			设计面积	实测面积	差值
路面及铺装	地面铺装总面积（不含屋顶面积）（m²）				
	1. 非透水地面铺装面积（m²）				
	其中	混凝土或沥青路面及广场面积（m²）			
		大块石等铺砌路面及广场面积（m²）			
		沥青表面处理的碎石路面及广场面积（m²）			
		级配碎石路面及广场面积（m²）			
		干砌砖石或碎石路面及广场面积（m²）			
		非铺砌的土路面面积（m²）			
	2. 透水地面铺装面积（m²）				

续表

建筑名称				设计面积	实测面积	差值
地块编号						
		名称		设计面积	实测面积	差值
路面及铺装	其中	非植草类透水铺装面积（m²）				
		其中	工程透水层厚度≥300mm面积（m²）			
			工程透水层厚度<300mm面积（m²）			
		植草类透水铺装面积（m²）				
		其中	工程透水层厚度≥300mm面积（m²）			
			工程透水层厚度<300mm面积（m²）			
		透水铺装率				

计算者：　　　校核者：　　　×年×月×日　　　测绘单位

蓄水设施规划条件核实测量成果表　　　表5-14

建筑名称			设计容积	实测容积	差值
地块编号					
	名称		设计容积	实测容积	差值
蓄水设施蓄水总容积（m³）					
其中	地下蓄水设施蓄水容积（m³）				
	雨水桶蓄水容积（m³）				
	下沉绿化可蓄水容积（m³）				
	其他蓄水设施蓄水容积（m³）				

计算者：　　　校核者：　　　×年×月×日　　　测绘单位

5.4 海绵城市规划管控案例分析

通过整理武汉市海绵城市建设过程中源头建设项目的数据，分析源头海绵城市建设中的常用做法、取得效果，总结一般性规律，力图为设计研究单位开展源头海绵城市设计、行业主管部门优化完善管控流程提供借鉴。新建项目抽查工作宜按照"抽查初核—约谈细核—信息确认"3个步骤进行。

5.4.1 新建项目总体指标

主要筛选了武汉全市已通过规划审查的50个项目，分别从选择年径流总量控制率、面源污染削减率和峰值径流系数3个综合性指标进行讨论。总体来看，新建项目年径流总量控制率介于60%~85%，集中于65%~75%；新建项目面源污染削减率介于50%~95%，集中于50%~70%；新建项目峰值径流系数介于0.3~0.8，集中于0.5~0.7，具体见图5-10~图5-12。

各种指标的相互关系见图5-13。总体来看，面源污染削减率、峰值径流系数的控制与年径流总量控制率呈正相关，但三者并不是简单的线性关系。通过对项目归纳分析，年径流总量控制率与面源污染削减率、峰值径流系数呈现如表5-15所示关系。

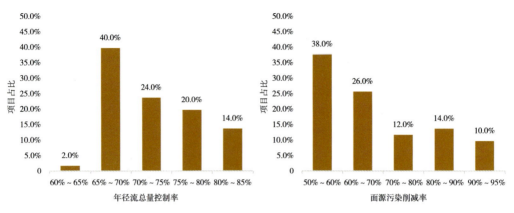

图5-10 新建项目年径流总量控制率分布　　**图5-11** 新建项目面源污染削减率分布

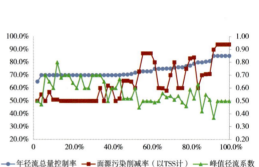

图5-12 新建项目峰值径流系数控制分布　　**图5-13** 各指标相互关系分析

各指标相互关系一览表　　表5-15

年径流总量控制率	面源污染削减率均值	峰值径流系数均值
65%~70%	52.3%	0.64
70%~75%	70.0%	0.53
75%~80%	70.2%	0.52
80%~85%	86.8%	0.49

5.4.2 海绵城市建设效果

武汉市进行海绵城市建设，主要目的是为了解决城市内涝和水环境污染两方面的水问题。通过抽查的案例，对比分析了城市全面落实海绵城市理念与常规建设下年径流总量控制率的改变和由此带来的城市水环境污染问题、城市内涝问题两个方面的改善，具体如图5-14~图5-17所示。

图5-14 不同建设模式下年径流总量控制率分布

图5-15 不同建设模式下面源污染削减率分布

图5-16 不同建设模式下峰值径流系数分布

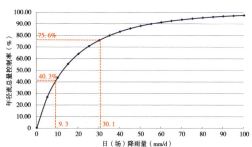

图5-17 年径流总量控制率与设计降雨量关系

通过归纳计算，海绵城市建设模式与常规模式对边，主要带来的指标变化如表5-16所示。

各指标海绵城市建设与常规建设对比一览表　　　表5-16

建设模式	年径流总量控制率均值	面源污染削减率均值	峰值径流系数均值
海绵城市	75.6%	66.3%	0.54
常规建设	40.3%	34.1%	0.70

具体取得效果如下。

① 年径流总量控制改变：由常规的建设的40.3%变为海绵模式的75.6%，可控制的对应日（场）降雨量由9.3mm提高至30.1mm，控制降雨场次可由51场增加至86场。

② 面源污染削减改变：常规建设模式下，武汉市建设区TP面源污染负荷为296kg/km^2，海绵城市建设模式下，TP面源污染可削减196kg/km^2。

③ 峰值径流系数控制改变：由常规的建设的0.70变为海绵模式的0.54，可提高已建成区管网承载力。经核算，管网设计标准可从重现期P=1年提高至接近P=3年的水平。

5.4.3 海绵城市设计师的设计倾向

如图5-18、图5-19所示，源头措施使用频率从高到低依次是透水铺装、下沉绿地、屋顶绿化、地下蓄水设施、雨水桶。原因主要是：① 透水铺装与下沉绿地是源头海绵城市建设中最常用的方式，措施相对简单，效果较好；② 屋顶绿化与地下蓄水设施较少使用，原因在于投资较高，后期维护费用较大，需要单独占用空间；③ 雨水桶在新建项目中使用较少，原因在于一方面武汉市对雨水回用迫切性不强；二是大家暂时难以接受，需要加大宣传。

从不同用地性质来看，公共设施、商业、居住用地对源头措施的选用优先顺序与整体一致，依次是透水铺装、下沉绿地、屋顶绿化、地下蓄水设施、雨水桶，但工业项目用地对源头措施的选用优先顺序略有区别，依次是透水铺装、下沉绿地、地下蓄水设施、屋顶绿化、雨水桶。原因主要是：工业厂房绿地建设需求不如其他项目迫切，而且工业厂房存在诸如轻钢屋顶之类结构，屋顶绿化难以实现，为达到年径流总量控制率指标，而采用了地下蓄水设施。

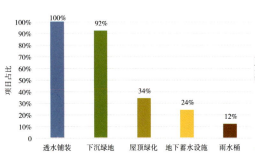

图5-18 源头海绵措施采用规律

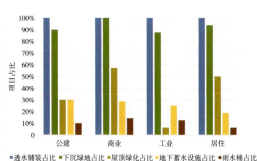

图5-19 不同用地性质下海绵措施采用规律

第6章

后试点
时代的思考

6.1 理念的回归

6.1.1 海绵城市建设初心

对于水，生在长江之滨的武汉市有很多刻骨铭心的记忆，基本以1998年为界，之前是受困于城市防洪能力，之后是受困于城市排涝能力，再到当前的城市水环境方面的压力。

目前，武汉保留了很多水空间，但也有不少只是停留在了纸面，像长湖、歌笛湖、范湖等，只能在城市中看到长湖社区、歌笛湖社区、范湖地铁站，一如北京的池子、泡子、海子、淀、潭等，只能在年纪稍大的讲述者中知晓过去。是什么造成了这么大的水环境的变化呢？根本原因是长期以来，特别是近几十年人口快速增长和产业集聚发展，农田、鱼塘变高楼，传统的城市开发建设一方面占渠填塘，自然水体失去了调节蓄滞功能；另一方面，大面积不透水硬化铺装，破坏了土壤的自然水循环和地下水涵养。虽然大家普遍意识到这个问题，但是无视城市发展的压力，片面强调原有农田、坑塘的保护显然也不现实，如何在发展中坚持和谐与生态，才是当前需要关注和研究的重点。

2013年底，"海绵"一夜春风来，武汉市和全国很多试点城市一样，开始了对城市和水系统建设的全面反思和再构造。

不可否认的是，武汉市在海绵城市建设过程中也经历了由碎片到整体、由源头到系统探索。现在回头再看，我们应该坚持海绵城市建设的初心，避免单纯为了建设"海绵"而建设"海绵"。如何让城市更好地保持海绵的特性，建成包括径流量和水质的综合控制体系[1]，是海绵城市建设中应该一直坚守的理念。

此外，海绵城市建设中，应尽可能采用绿色的方式开展城市中水的管理，尽可能充分发挥已建设施的功能，设计方案尽可能保留原有的自然水文循环，保持原有的植被，采取一系列生态化措施，形成生物和水文的良性循环。

海绵城市代表的是一种柔性的、弹性的水设计理念乃至城市规划管理理念，希望能给城市的钢筋水泥丛林带来绿色，希望能通过海绵城市建设唤回人们内心的乡村梦、田园梦，实现城市的绿色可持续发展。

6.1.2 海绵城市的生命力所在

站在武汉市海绵城市试点建设完成的时间节点上回看海绵城市建设的一路经历，我们深深认识到，既不能把海绵城市当成是万能钥匙，认为海绵城市可以解决一切问题，也不能认为海绵城市完全没有效果，只是起到锦上添花的作用。

海绵城市理念作为模拟自然循环过程的一种技术，突出对城市原有生态系统的保护、生态恢复和修复以及低影响开发，强调利用生物滞留和渗透技术能够就地截留及管理雨水，并通过沉淀、过滤、吸附、生物降解等作用，能够降低由初期雨水冲刷形成的地表径流的污染物浓度，达到控污减排的效果，保护湖泊河流免受污染物的影响。这种处理水问题的方式，特别适合解决类似武汉这种水体众多、内涝问题突出的城市水问题，可以较好地解决雨水调蓄和径流污染控制之间的矛盾。

2019年，随着第一批海绵城市试点城市验收工作完成，我国海绵城市试点时代进入尾声，标志着在海绵城市建设进入了后试点时代。然而，当前我国社会经济发展进入新时代，城市发展处于经济、科技、社会与空间转型的多期叠加，具有转型的多重性、复杂性、渐进性[2]。某种意义上，后试点时代的海绵城市建设也将面临发展转型。接下来在新的发展时期，如何立足于城市发展规律，总结试点建设经验教训，深刻把握"变"与"不变"的辩证逻辑，寻求海绵城市建设的传承和创新思路将是我们需要思考和努力的方向。

---

[1] 海绵城市建设评价标准：GB/T 51345–2018［S］．北京：中国建筑工业出版社，2018.
[2] 殷毅，盛洪涛，汪云，等．武汉城市发展转型与城市总体规划变革［J］．城市规划，2018（A02）：27–31．

如果说海绵城市前试点时代是在探索如何走上中国特色的海绵城市建设道路,那么后试点时代的海绵城市建设就是在将这条道路向常态化、法制化、标准化、社会化逐步推进。这一时期的海绵城市工作重点也将是围绕这4个方面全面开展,一是围绕"海绵城市理念常态化",进一步将海绵城市理念深入融合至城市建设全过程;二是围绕"海绵城市管理法制化",进一步完善海绵城市管理责任体系;三是围绕"海绵城市技术标准化",进一步强化海绵城市技术标准体系指导效能;四是围绕"海绵城市建设社会化",进一步发挥海绵城市建设全过程公众参与作用。通过"四化"建设来实现海绵城市建设长效推进,将海绵城市建设理念贯彻落实到城市发展中,让市民切身感受到海绵城市建设带来的效果。

6.2 责任体系的建立

海绵城市试点建设过程中,我们深深感受到,如何构建责任体系,探索海绵城市长效的资金来源渠道,是海绵城市建设中必须面对的一个问题。国外为解决这一问题,构建了一套关于污染控制与径流控制的责任体系。

美国于1997年对《联邦水污染控制法》进行修订,颁布了一系列水环境综合治理及水资源利用等方面的法律法规,其中强制性规定了城市项目进行开发建设时应考虑积蓄并利用水资源、防治污染等方面因素,并提出了相关实施和管理体系。目前美国所有的新建和改建项目都必须因地制宜地采取雨污水管理措施,尽量减少地表径流和水质在城市开发建设过程中受到的损害。例如,美国的明尼阿波利斯市通过综合评估市内所有不动产的不透水面积及地面径流系数等指标,制定相关的雨水排放收费标准,政府部门每月收取固定的费用作为雨水处理系统的建设与管理维护的资金[①]。

德国制定一系列的法律法规,明确规定雨水收集利用系统作为重要组成部分纳入城市规划建设过程中。开发商在建设开发用地时,必须预留雨水下渗用地,雨水不得随意排入城市公共下水道管网,同时必须对雨水资源实施标准化的处理及利用。德国为减少地下水的污染,成立专门的环境保护部门对给排水进行综合管理和监测,例如,德国柏林针对直接将雨水排入下水道的住宅或者企业,根据不透水面积收取一定的费用。如果排放的污染物对水资源造成损害,会根据水资源污染单位面积对其进行收费并用于城市

---
① 黎小红. 城市雨水利用政策及激励机制研究[D]. 北京:清华大学,2009.

水质提升。

我国在海绵城市建设的过程中应当加快推进科学完备的水循环体系建立，完善相关水污染、水资源等法律法规。应当对雨水贮存、渗透面积、水资源利用率及雨水污染等因素进行强制性规定，将低影响开发生态治水理念融入我国城市规划和环境的法制体现之中。

伴随海绵城市研究的不断开展，国内有研究提出[①]，可以参考国外对雨水排放进行收费，将征收的费用直接与排水量的大小挂钩，以鼓励各类建设项目采取措施，保证雨水缓排慢释，起到推进海绵城市建设的效果。

雨水收费作为一种推进源头低影响开发的手段，可以同步提升雨水资源管理水平，目前该措施已被部分发达国家采用，其中德国、美国、日本是成功实施雨水排放费制度的典型代表[②]。

6.2.1 国外雨水排放管理激励方法

（1）德国

德国是欧洲雨水排放管理最好的国家之一，其雨水管理政策以《水资源管理法》为基础，设立了雨水排放收费和雨水管理奖励相结合的雨水管理激励政策。德国在雨水管理初期采用的是雨水费制度，将进入管道的屋顶雨水划为污水，要缴纳约为自来水费率1.5倍的污水处理费。对于无雨水利用装置的新建工程收取2%的雨水排放费。对于采取雨水利用技术进行雨水资源处理回用的用户免征雨水排放费，并对主动应用雨水利用设施的用户给予每年1500欧元的"雨水利用补贴"。

（2）日本

以雨水管理补贴申领体制完善为特色的日本雨水管理政策以东京为代表，设立了一套完善的奖补政策，如东京墨田区从1996年开始实行雨水管理补助金制度，通过政府财政补贴单位及民众建设储雨装置。当地政府规定申请补贴时需分两类进行考虑：一是地

---

① 马冬春，汪元元. 北京城市雨水利用政策研究［J］. 生态经济，2009，（8）：183.
② 黎靖. 我国城市雨水排放费制度的设计研究［D］. 广州：华南理工大学，2011：19.

下储雨装置及中型储雨装置申领补助规定是在工程建设前需提交补助对象确认申请书、工程配置图和给排水系统图、储雨容器说明文件、纳税文件、已签工程合同这5个文件，施工完成后需提交地下储雨装置等补助金发放申请书、储雨装置安装证明、工程检验证明、其他必要的文件以及地下储雨库等装置补助金发放请求书；二是小型储雨装置补助金的申请包括安装小型储雨罐补助金发放申请书、现场实物近远景照片各1张，注明储雨罐价格的购买收据及安装小型储雨罐补助金发放请求书。

6.2.2 国内雨水排放管理激励方法

随着国内海绵城市建设的推进，各试点城市在雨水管理及激励政策方面进行了一定的探索，但目前国内尚未形成关于雨水管理激励政策的统一指导意见。通过梳理，国内的雨水管理激励方法大致分为4类。

（1）面积补贴法：宁波

宁波是第二批国家海绵城市试点城市，宁波雨水管理激励以《宁波市海绵城市建设专项资金使用管理暂行办法》为依据，探索了以工程面积激励法为激励标准。该暂行办法对雨水管理激励对象及激励标准进行了规定。补贴对象为低影响开发设施项目、传统排水设施项目、超标雨水径流排放系统项目。补贴标准按照项目性质予以确定，对于各类新建项目按照项目总用地面积，以20~25元/m^2给予补助；对政府投资项目，因增加海绵建设内容，对增加的成本经测算后给予奖励。

（2）工程费用补贴法：厦门

厦门市是国家第一批海绵城市建设试点城市，在海绵城市建设管理中探索了以海绵工程总造价激励法为激励标准，在雨水排放激励方面实行"以奖代补"制度，通过财政资金采用项目总造价法对建设项目进行奖励。以翔安试点区为例，相关文件规定项目已建成需进行海绵城市改造且由业主自行实施的，待项目竣工验收合格后按审核价的70%给予补助；项目在建且海绵城市工程未实施，需在设计方案中新增海绵城市工程内容的，经海绵技术中心认定后，按审核后增加的造价给予全额补助。

(3) 设施补贴法：贵安新区

贵安新区雨水管理激励以《贵安新区海绵城市建设专项资金管理暂行办法》为基础，探索了以海绵设施分类激励法为激励标准。该暂行办法规定贵安新区海绵城市奖励方式采用海绵设施工程量补贴法，以海绵设施建设工程量为补贴依据，按照固定价格给予适当奖励。具体补贴标准如表6-1所示。

主要雨水管理设施补贴标准　　　　　表6-1

设施种类	名称	单位	补贴价（元）
绿色设施	绿色屋顶	m^2	100
	下沉式绿地	m^2	15
	生物滞留设施（含雨水花园、生态树池）	m^2	6
	雨水渗透池/塘	m^2	6
	植草沟、植被缓冲带	m^2	6
灰色设施	透水铺装	m^2	35
	渗井	m^3	6
	渗管/渠	个	10
	雨水罐	m^3	100
	雨水调蓄池（大于300m^3）	个	60000

(4) 其他形式激励法：深圳

深圳根据国内一些地区的海绵城市建设经验，总结了海绵设施的建设单价表，建议在采取补贴政策时，可考虑对所采取的设施参考价格和规模分类给予一定比例的补贴。对于已建项目建设雨水综合利用设施的，按雨水综合利用设施投资的10%～20%进行资金补贴，相关建设单位可在施工竣工验收后凭相关材料申请（表6-2）。

深圳海绵设施建设补贴价格（建议）　　　　　表6-2

名称	参考价格
绿色屋顶	100～300元/m^2
透水铺装	100～300元/m^2
下沉式绿地	40～80元/m^2
雨水花园	600～800元/m^2

续表

名称	参考价格
转输型植草沟	30~50元/m²
过流净化型植草沟	100~300元/m²
土壤渗滤池	800~1200元/m²
湿塘	400~800元/m³
人工湿地	500~800元/m³
清水池（贮存池）	800~1200元/m³
初期雨水弃流装置	25000~40000套

深圳在上述补贴激励政策建议的基础上，又提出奖励建设的激励政策建议——容积率奖励政策建议。深圳根据光明新区经验，如在规划设计前期全面采用低影响开发雨水综合利用设施，同步设计同步建设，每平方米用地面积的增量成本约为50~150元，按常用容积率折算为20~60元/m²建筑面积，海绵设施的成本增量约占项目总成本的2%以内。因此，可考虑给予不同类型、不同程度建设项目容积率奖励，但同时应设置一个最高限值，如最高不超过1000m²建筑面积（表6-3）。

深圳海绵设施的容积率奖励标准（建议）　　　表6-3

类别	容积率奖励标准	
	达到海绵城市建设目标	比海绵城市建设目标高10%
公共类	1.5%	2%
工业类	1%	1.5%
居住类	0.5%	1%

6.2.3 激励机制建议

借鉴国内外城市在雨水管理及激励政策方面的经验，结合国内的实际情况，武汉市海绵城市建设提出以下3种激励机制的建议。

（1）面积补偿激励机制建议

武汉是国家第一批海绵城市建设试点城市，汉阳四新地区为武汉海绵城市首批试点区域，汉阳区政府为加大区内海绵城市项目建设力度，促进经济社会全面发展，结合本区实际情况，制定了《汉阳区海绵城市非政府投资改、扩建项目财政补助办法（试行）》。该办法提出，在2017年底以前建设完工的、并通过审查验收的海绵城市非政府投资项目改扩建工程，按海绵设施建设面积18元/m^2的标准予以补助。

综合汉阳区的实际经验和宁波市的雨水管理激励办法——《宁波市海绵城市建设专项资金使用管理暂行办法》，建议海绵城市新建、改扩建项目，按海绵设施建设面积20元/m^2的标准予以补助。如该项目获得国家海绵城市相关奖项，补助标准可考虑根据项目性质予以20%～50%的标准上浮。

（2）设施规模补偿激励机制建议

借鉴光明新区和贵安新区的经验，结合《武汉市海绵城市规划技术导则》中海绵城市设施类型，提出表6-4的海绵设施规模补偿激励机制建议。

海绵设施建设补贴价格（建议）　　　表6-4

名称	参考价格
绿色屋顶	100元/m^2
透水铺装	50元/m^2
生物滞留设施	10元/m^2
渗透塘	10元/m^2
渗井	10元/m^3
湿塘	50元/m^3
下沉式绿地	20元/m^2
蓄水池（大于300m^3）	60000元/个
雨水罐	50元/m^3
雨水花园	100元/m^2
转输型植草沟	10元/m^2
过流净化型植草沟	20元/m^2
雨水净化储存池	100元/m^3
初期雨水弃流装置	5000套

（3）容积率补偿激励机制建议

借鉴深圳市容积率奖励政策建议，可考虑给予不同类型、不同程度建设项目容积率奖励，但同时应设置一个最高限值，如最高不超过1000m^{2}建筑面积（表6-5）。

海绵设施的容积率奖励标准（建议） 表6-5

类别	容积率奖励标准	
	达到海绵城市建设目标	比海绵城市建设目标高10%
公共类	1%	1.5%
居住类	0.5%	0.8%

6.3 海绵城市建设的公众参与

公众参与是当前城市规划中的一大热点，海绵城市建设涉及小区源头改造、公园绿地建设、水体水系整治等市民生活的方方面面，而海绵城市建设所要解决的易涝点消除、水环境改善等，也与民生直接相关，是广大市民关注的重点，所以公众参与在海绵城市建设中显得尤其重要。

6.3.1 公众参与的意义

海绵城市作为新型雨洪管理模式，其出发点和目的都是为城市居民提供良好的公众生活空间和环境资源，在海绵城市建设及运行管理中，政府、企业是建设的关键主体，政府的监管或决策会存在漏洞，企业的逐利性会缺乏自我约束，导致忽略或者忽视公众对洪涝风险态度、对良好水环境和亲水的需求，造成政府和市场的失灵。因此海绵城市建设在注重政策及技术手段的同时也需要逐步开始重视社会管理，保证城市居民的知情权、建议权，城市公众的积极参与是确保海绵城市长期有效的发挥重要的重要一环。

目前在各类城市规划中，公众参与虽然越来越受到重视，但是大多数情况下，只有当涉及群众切身利益时，才会有较多的公众参与到规划决策中来。为实现海绵城市方案整体效益的最优化，需要在海绵城市规划伊始，梳理海绵城市建设过程中公众参与的机制、形式、途径和方法等，提高公众对海绵城市的认知，通过对海绵城市建设的规划设计和相关决策的公众参与，提高民众接受度以及决策的科学性，从而利用公众的力量推进海绵城市的建设。

对于试点城市而言，武汉市的海绵城市建设经历了试点之初的市民抵触，到试点中后期社区与市民主动要求开展海绵城市改造的转变。之所以能让海绵城市建设被普通市民接受，原因在于在海绵城市建设中能够倾听市民的声音，一方面采用"海绵+"的理念，通过海绵城市建设整体提升社区品质，解决诸如健身设施升级、供水等问题；另外采用个性化的设计，将海绵功能与其他功能结合，通过海绵城市建设提升社区内水景观、规范停车空间等，使市民在海绵城市建设中有直接的获得感。基于此，在海绵城市建设之初，广泛征求市民的意见、避免单一目标的建设就显得非常重要。

海绵城市建设的成功，不但需要城市建设理念、工程技术手段和完善的政策法律支撑，还需要普通市民的公众积极参与。特别是对于源头海绵城市设计而言，公众参与程度会直接决定后期工程推进的顺利与否。所以，如何在海绵城市建设中运用好公众参与平台，如何在建设过程中切实维护公众利益以及如何引导公众、让公众成为海绵城市建设的宣传者，成为每一个海绵城市建设项目都需要考虑的问题。

6.3.2 公众参与的实践

海绵城市建设中的公众参与，依据参与范围、参与深度的不同，其主要形式可分为告知、咨询和积极参与。

告知主要包括宣传教育等形式，加深公众对海绵城市的认知，一方面通过展板、项目解说牌等形式让市民对海绵城市具体设施和情况有大致了解，另一方面通过报纸、新闻、自媒体等途径告知建设情况、宣传建设成果。

咨询主要包括通过宣传教育了解情况后，将关注的情况反馈给政府或建设单位等，如规划设计部门在规划设计前期向居民发放调查问卷等形式进行现场调研，收集对项目的意见，包括居民对易内涝区域的区域的反馈、咨询项目建设区域及措施、在建设过程中听取对改造方案的意见等。利用好宣传教育和调研咨询，并优化落实到改造方案中，将对项目后期落地起到极大的促进作用[①]。

---

① 宫永伟，傅涵杰，张帅等. 海绵城市建设的公众参与机制探讨［J］. 中国给水排水，2018，34（18）：1-5.

公众积极参与现阶段大多集中表现在涉及公众切身利益时，如在居民由于不了解海绵城市建设的情况，施工过程中同当地居民、商户的协调工作量也较少，施工或其他影响居民生活，造成居民不满，阻碍施工。镇江通过民主议事制度模式使小区居民参与到小区改造工程中，解决了海绵建设中的问题，建立海绵改造投诉受理机制以及项目回访。

由于社区海绵城市改造直接面对市民，武汉市在开展青山海绵城市示范区建设时，在设定的海绵小区改造项目操作流程中，有一项必须开展市民关于海绵改造的调研，通过海绵城市建设，同步解决其他诸如停车、环境整治等一系列问题（表6-6）。

居民调查问卷表   表6-6

《武汉市青山区海绵城市示范社区——**社区海绵改造规划》
居民调查问卷

尊敬的居民，您好：

    武汉市2015年4月入选国家首批"海绵城市"试点，青山区成为武汉市建设海绵城市的标杆区域。为了更好地了解本社区居民生活情况，推进海绵城市进社区工作，我们开展了这次问卷调查，希望通过调查，听到大家的心声，我们也会尽我们最大的努力，将大家的心声传达出去。

    本次调查作为研究的基础资料，采用无记名方式，所以请各位住户放心如实地填写。谢谢您的合作！

××
×年×月×日

【基本信息】
1. 您的性别：_____
【A. 男　　B. 女】
2. 您的年龄：_____
【A. 25岁以下　　B. 25～35岁　　C. 35～55岁　　D. 55岁以上】
3. 您的职业领域：_____
【A. 机关事业单位　　B. 企业公司　　C. 学生　　D. 进城务工人员　　F. 退休人员】
4. 您的文化程度：_____
【A. 中学及以下　　B. 高中（中专）　　C. 大学本科　　D. 大学本科以上】
5. 您在此的居住年限：_____
【A. 5年以内　　B. 5～10年　　C. 10～20年　　D. 20年以上】
6. 您的家庭结构形式是：_____
【A. 一代人　　B. 两代人　　C. 三代人】
7. 您的住房目前是：_____
□自己拥有　　□租赁
8. 您了解青山区将开展海绵城市建设吗？_____
□通过网络、新闻、报纸了解过　　□不太清楚

【社区整体评价】
1. 您认为目前小区的绿环环境怎样？_____
□好　　□较好　　□一般　　□较差
2. 目前小区的停车状况对您的日常生活有什么影响？_____
□沿路停车、道路拥挤，影响出入　　□在绿化内随意停车，影响小区整体环境　　□没有影响

续表

3. 您认为目前小区的供水保障如何？_____
□好　　□较好　　□一般　　□较差
4. 社区在碰到大雨会因为雨水无法及时渗排，导致积水吗？_____
□小区道路积水　　□门栋附近积水　　□化粪池污水漫流　　□其他区域
5. 您对小区目前物业管理的评价是（可多选）：
□防盗安全管理不足　　□物业费太高　　□物业费较高　　□都挺满意

【绿化环境方面】
1. 您认为小区目前哪些区域应注重景观提升（可多选）：_____
□裸露地　　□树下植被稀疏区域　　□门栋附近的集中绿地　　□其他
2. 您认为小区目前的绿化环境提升应包括哪些方面（可多选）：_____
□增加绿化面积　　□景观美化　　□中心水体净化　　□重视绿化养护管理　　□其他
3. 针对小区内局部住宅一层用户设置私人后院的情况，您的看法是：
□统一纳入社区管理和维护　　□维持现状
4. 您认为目前小区内是否需要增设新的活动场地？_____
□小区中心需增加　　□所住楼层周围，应结合绿化增设小型活动场地　　□不需要
如需要，主要增加_____
5. 若将小区活动场地的铺装替换为可透水铺装，您是否能接受：_____
□能　　□不能

【道路及停车设施方面】
1. 您希望对目前社区的哪些路面进行改造：_____
□小区主路　　□小区次要路　　□入户路　　□没问题
2. 目前小区的车辆行驶是否会影响到日常步行活动的安全性和舒适性：_____
□非常有影响　　□上下班时间有影响　　□基本无影响
3. 针对目前小区停车混乱的情况，您是否支持建设固定的停车位：
□支持　　□不支持　　□支持但不能占现状绿化
4. 您希望小区停车设施的布局是：_____
□沿路分散布置　　□集中在各组团中心　　□在门栋附近布置
5. 您希望利用哪些区域设置停车位：_____
□树下空间复合利用　　□绿化较为薄弱区域　　□利用集中绿化建设地下停车
6. 您希望以下哪种方式作为停车场的建设及管理方式：_____
□完全引入社会资本，按车位收费　　□居民自筹

【市政设施方面】
1. 在房屋雨水落水管下接雨水桶并进行雨水利用，您的看法是：_____
□反对　　□支持　　□支持但要美观　　□无所谓

【海绵城市建设】
1. 若海绵城市改造在本社区开展，您是否支持：_____
□支持　　□不支持　　□不关心
2. 海绵建设过程中，以下哪些方面是您比较担心的：_____
□建设费用　　□施工影响　　□后期管理与维护
3. 为保障海绵设施后期运行与管理，有效提升社区居住及环境品质，您愿意支付相关维护费用吗：_____
□坚决不出　　□业主支付一部分　　□业主均摊
您对本次社区海绵改造的疑问和建议：

6.3.3 公众参与的改进建议

通过武汉市海绵城市规划建设中公众参与的情况来看，当前公众参与主要存在被动参与为主、沟通协作等不通畅等问题，其参与海绵城市建设的意识与发达国家相比存在较大差距[①]。

为畅通公众参与海绵城市的途径，建议国内城市在推进海绵城市建设时，制定建设项目方案的编制规程，将公众参与纳入编制规程，同时通过多种途径，丰富公众参与海绵城市方案决策的途径。

（1）完善建设项目方案编制规程

充分认识到公众参与的重要性不仅体现在前期方案编制的完善程度，更会影响后期项目推进的顺利与否。为强化公共参与的作用，需要制定建设项目海绵城市建设方案的编制规程，确定公众参与的流程，推动公众参与的规范化、常态化。

（2）丰富公众参与的途径

利用各种渠道开展海绵城市的宣传教育，利用新闻媒体、网络平台、公众号等多途径进行报道宣传，同时建立反馈机制，对市民关心的问题及时回应。利用海绵城市信息平台开展海绵城市的主题教育，鼓励市民到展览馆体验海绵城市。

---

① 王二松，李俊奇，刘超，王文亮. 海绵城市建设配套机制保障措施探讨［J］. 给水排水，2017，53（6）：57-62.

6.4 需要关注的问题

经过全国30个海绵试点城市4年多的创新实践，城市生态环境明显改善，试点成效显著。但海绵城市是一种区别于现有建设理念的全新城市建设理念，而多年形成的传统建设理念不可能一日之间被社会广泛认识、理解和贯彻，也不可能被设计、建设的参与者在一日之间就转变思维方式和惯常做法，相关基础性的数据、标准和适用性技术也都不可能一夜之间就获得。海绵城市建设作为一种理念要贯彻于城市发展的全过程，需要完善的、科学的技术支撑。

因此，在推进海绵城市建设过程中，要高度重视前期研究和数据的不断收集和积累，不断完善海绵城市技术体系的构建，不断夯实海绵城市技术基础，支撑海绵城市的科学发展。

6.4.1 加强基础数据收集与研究

经过我国近年来的海绵城市试点城市建设，已积累了大量经验和数据，具备一定的技术基础，但海绵城市作为长期性的复杂任务，其建设过程中需统筹自然降水、地表水和地下水的系统性，协调给水、排水等水循环利用各个环节，做好长期数据监测跟踪，因此有必要搭建覆盖规划建设区范围的基础数据监测平台，收集降雨规律、产汇流关系、地下水位和水质变动、不同下垫面地面径流污染强度及与降雨过程的相关性以及土壤渗透性数据等，并长期维护和进行数据积累，为下一步指导海绵城市建设发展提供有力的数据支撑。

6.4.2 完善规划编制体系

鉴于海绵城市系统性强、项目容易碎片化的特点,在推进海绵城市建设过程中应注重规划引领,发挥好海绵城市在各个层面的规划编制中的专项作用。在宏观层面,应在城市总体规划中落实海绵城市建设要求,将年径流总量控制率等主要控制指标和建设要求纳入总体规划,各区、新市镇总体规划中提出涵盖本区域的年径流总量控制率等指标和要求,以指导下步专项规划编制工作;在中观层面,应构建市、区两级的规划体系,在市域专项规划的基础上,应组织编制分区建设规划,梳理好各项目之间的逻辑关系,据此制定年度建设计划及方案,分解落实责任主体;在微观层面,应结合片区治理,制定相应的海绵城市建设规划和方案。

6.4.3 完善技术标准体系

前期武汉市已编制了《武汉市建设工程规划管控(海绵城市部分)审查(审核)要点》《武汉市建设工程规划方案(海绵城市部分)编制技术规定》和《武汉市建设工程规划条件核实(海绵城市部分)测量技术规定》等规范性技术文件,为全面指导和落实全市建设项目的海绵城市理念提供了有力支撑。但仍需在不断总结完善的基础上,加强工程设计、建设和维护的技术标准的研究,通过理论研究和不断积累工程案例资料,结合实践经验和新的发展需求,不断完善技术体系,研究编制规划、施工图审查的技术要点、方法和软件系统,因地制宜地制定海绵城市建设指标体系、标准图集、技术规程、估算指标等技术标准体系,覆盖海绵城市规划、设计、施工、验收、运维和绩效评估各个环节,将理论化、理念化的成果转化为工程化的指导文件,制定更具实操性的技术手册、开发操作简单界面直观的审查评估软件系统,进一步保证海绵城市建设质量,在保证各类行政许可的时效性和科学性的同时又能提高项目审批的效率。

参考文献

[1] 李嘉玲. 襄阳"山-水-城"空间历史文化脉络研究[D]. 西安：西安建筑科技大学，2016：19.

[2] 韩煦，赵亚乾. 海绵城市建设中"海绵体"的开发[J]. 地球科学与环境学报，2016，38（5）：708-714.

[3] 刘昌明，张永勇，王中根等. 维护良性水循环的城镇化LID模式：海绵城市规划方法与技术初步探讨[J]. 自然资源学报，2016，31（5）：719-731.

[4] 任心欣. 海绵城市建设规划与管理[M]，北京：中国建筑工业出版社，2017.

[5] 张建云，王银堂，胡庆芳，等. 海绵城市建设有关问题讨论[J]. 水科学进展，2016（6）.

[6] 谢映霞. 基于海绵城市理念的系统治水思路[J]. 北京师范大学学报（自然科学版），2019，55（5）：552-555.

[7] 俞孔坚，李迪华，袁弘，等. 海绵城市理论与实践[J]. 城市规划，2015，039（6）：26-36.

[8] 住房和城乡建设部. 海绵城市建设技术指南——低影响开发雨水系统构建（试行）[S]. 北京：中国建筑工业出版社，2015.

[9] 陈韦，武洁，成钢，等. 武汉百年规划图记[M]. 北京：中国建筑工业出版社，2019.

[10] 武汉市水务局. 武汉市湖泊志[M]. 武汉：湖北美术出版社，2014.

[11] 姜勇. 城市空间拓展对湖泊水质影响及对策研究——以武汉市为例[J]. 城市规划，2018，42（6）：95-99.

[12] 陈雄志. 武汉市汤逊湖、南湖地区系统性内涝的成因分析[J]. 中国给水排水，2017，33（4）：7-13.

[13] 姜勇. 武汉市海绵城市规划设计导则编制技术难点探讨[J]. 城市规划，2016（3）：103-107.

[14] 地表水环境质量标准：GB 3838—2002[S]. 2002.

[15] 沙茜. 龙阳湖地区磷污染来源分析及控制对策研究[D]. 武汉：华中科技大学，2004：44.

[16] 武汉市水务局，武汉市规划研究院. 武汉市中心城区排水防涝专项规划[R]. 2012.

[17] 王雪松，班超，吴雅文，等. 不同尺度海绵措施下雨洪控制效果研究[J]. 水电能源科学，2019（9）.

[18] 栾慕，袁文秀，刘俊，等. 基于SWMM-MIKE11耦合模型的桐庐县内涝风险评估[J]. 水资源保护，2016，32（2）：57-61.

[19] RAWLS W J, BRAKENSIEK D L, MILLER N. Green-Ampt Infiltration Parameters from Soils Data[J].

Journal of Hydraulic Engineering, 1983, 109（1）：62-70.

[20] 张杰. 基于GIS及SWMM的郑州市暴雨内涝研究［D］. 郑州：郑州大学，2012.

[21] 衣秀勇. DHI MIKE FLOOD洪水模拟技术应用与研究［M］. 北京：中国水利水电出版社，2014.

[22] 程小文，凌云飞，李丹，等. InfoWorks ICM模型在合流制溢流调蓄池设计中的应用研究［J］. 给水排水，2019（S1）.

[23] 马旭. 基于Infoworks ICM模型的典型城市内涝模拟及海绵减控效果研究［D］. 西安：西安理工大学，2019.

[24] 李品良，覃光华，曹泠然，等. 基于MIKE URBAN的城市内涝模型应用［J］. 水利水电技术，2018，49（12）：11-16.

[25] 刘龙志，马宏伟，杜垚，等. 基于Mike模型的海绵城市内涝整治方案效果分析［J］. 中国给水排水，2019，35（12）：13-18.

[26] 武汉市城乡建设委员会，武汉市政设计研究院有限公司. 武汉市海绵城市监测评估平台设计集成一体化项目：试点区典型项目LID模型评估报告［R］. 2018.

[27] 武汉市自然资源和规划局，武汉市规划研究院. 武汉市海绵城市专项规划［R］. 2016.

[28] 武汉海绵城市建设有限公司，武汉市规划研究院. 武汉青山试点区海绵城市建设规划［R］. 2015.

[29] 姜勇. 武汉市建设项目的海绵城市规划管控方法与技术探索［J］. 中国给水排水，2018，1：1-6.

[30] 海绵城市建设评价标准GB/T 51345-2018［S］. 北京：中国建筑工业出版社，2018.

[31] 殷毅，盛洪涛，汪云，等. 武汉城市发展转型与城市总体规划变革［J］. 城市规划，2018（A02）：27-31.

[32] 黎小红. 城市雨水利用政策及激励机制研究［D］. 北京：清华大学，2009.

[33] 马冬春，汪元元. 北京城市雨水利用政策研究［J］. 生态经济，2009，（8）：183.

[34] 黎靖. 我国城市雨水排放费制度的设计研究［D］. 广州：华南理工大学，2011：19.

[35] 宫永伟，傅涵杰，张帅等. 海绵城市建设的公众参与机制探讨［J］. 中国给水排水，2018，34（18）：1-5.

[36] 王二松，李俊奇，刘超，王文亮. 海绵城市建设配套机制保障措施探讨［J］. 给水排水，2017，53（6）：57-62.

后记

武汉因水而生，因水而兴，坐拥长江、汉水两大河流交汇之利，百余湖泊遍布全市，水域面积约占全市国土面积的四分之一。丰富的水资源为武汉注入了活力，也带来了一系列问题。为探索最佳途径，解决城市发展中出现的水问题，武汉经过层层申报，成为国家首批海绵城市建设试点城市之一。

随着武汉海绵城市试点城市验收工作完成，本书编写成员基于近年来在海绵城市规划建设领域的规划实践，从海绵城市试点建设申报开始，分析海绵城市规划的基础技术方法，归纳海绵城市规划编制体系及管理体系，尝试提出后试点时代海绵城市的传承和创新思路，以期为国内外海绵城市的建设提供可供参考的经验。

本书凝结了团队十多位成员在海绵城市规划方面的心血和智慧，最后成果的形成是大家辛勤付出的最好回报。成书之际，首先对参与工作的各位同事表示深深的感谢！

海绵城市，是城市水系统工程，涉及城市建设的很多方面。此书编写过程中，借鉴了大量相关职能部门和建设单位的经验，参阅了相关技术文件和文献资料，在此表示由衷感谢！

但受限于编者水平，本书难免有疏漏之处，敬请各位读者不吝指正。

本书作者
2021年12月